AF223296

Herstellung und Verlag:
Books on Demand GmbH, Norderstedt
ISBN 978-3-8391-0930-4
Bild Titel: © publicadverts.de

Maike Wesa

Sie nannten mich Sensibelchen.

Warum hohe Sensibilität genial ist
und wie sensible Menschen mit
Ignoranz und Vorurteilen umgehen können

Tatsachen schafft man nicht dadurch aus der Welt, daß man sie ignoriert.
Aldous Huxley

Einsamkeit ist das Los aller hervorragenden Geister.
Arthur Schopenhauer

Ich muss eine erstaunliche Menge Geist haben; manchmal brauche ich eine Woche, um mich zu entscheiden.
Mark Twain

Wenn man schon der Gefangene seines eigenen Geistes ist, muß man ihn sich doch wenigstens ordentlich einrichten.
Sir Peter Ustinov

Ein Kluger bemerkt alles, ein Dummer macht über alles seine Bemerkungen.
Heinrich Heine

Je öfter eine Dummheit wiederholt wird, desto mehr bekommt sie den Anschein der Klugheit.
François Marie Voltaire

Der sensible Mensch leidet nicht aus diesem oder jenem Grunde, sondern ganz allein, weil nichts auf dieser Welt seine Sehnsucht stillen kann.
Jean Paul Sartre

Dinge wahrzunehmen ist der Keim der Intelligenz.
Lao-tse

Teil 1
Vorwürfe, Gedankenmuster und Fähigkeiten

Teil 2
Strategien für einen entspannten, erfüllten Alltag

Warum ich dieses Buch schrieb

"Ich bin halt sensibel!"
„Aha. Heißt das etwa, ich bin nicht sensibel?" oder "Dann bist Du halt ZU sensibel!" sind vielgehörte Reaktionen. Und dann geht die Erklärerei los. Doch findet man nicht die Worte, die man bräuchte, um weder ein falsches Verständnis, noch Ablehnung oder Unsicherheit aufkommen zu lassen. Letztenendes erkennt der Hochsensible, dass seine Umwelt sich nicht so mit ihm freut, wie er selbst.

Was habe ich mich mit allerlei Rechtfertigungsversuchen, Selbstvorwürfen, Anpassungsexperimenten und dem immer wiederkehrenden Scheitern herumgeschlagen. Für mich ist jetzt Ende!

Mein täglicher Kampf sah so aus: Bin ich normal? Wie werde ich normal? Warum kann ich nicht sein, wie andere? Warum bekomme ich kein Verständnis und wieso herrscht ein solches Desinteresse, gar Ablehnung? Der immer präsente Zwist mit sich und der Welt erfordert viel Kraft und Ausdauer, um Möglichkeiten zu finden, die das eigene Leben mit all seinen Zweifeln, Grübeleien und Fragen erträglich machen.

Es geht aber nicht darum, „normal" zu werden. Es geht darum, seine Fähigkeiten nutzbar zu machen, für sich und für andere, mit dem Ziel, sich nicht mehr verstecken oder rechtfertigen zu müssen und ein befreites, entspanntes und glückliches Leben zu führen.

Gerade diesen Fragen geht dieses Buch nach. Fragen zum

Umgang mit Unverständnis und Vorwürfen des Umfeldes, Fragen hinsichtlich des Umgangs mit seinen eigenen inneren Vorgängen und Denkmustern.

Dieses Buch besteht auf eigenen Erfahrungen mit meiner Empfindlichkeit und die Arbeit mit den inneren Vorgängen und Wahrnehmungen, die mir alle den Weg aufgezeigt haben, wie ich mich als sensibler Mensch integrieren und dabei glücklich fühlen kann.

Es entstand aus dem Bedürfnis heraus, endlich Lösungen für das zu finden, was in uns herrscht, denn Hochsensible sind keine Opfer, keine Kranken, die es zu „behandeln" gilt, sondern starke, fähige Persönlichkeiten, die Außergewöhnliches zu schaffen imstande sind.

Ich bin zum Zeitpunkt der Veröffentlichung 27 Jahre alt und seit dem ich klar denken kann, beschäftige ich mich mit dem, was in mir und in anderen vorgeht, den Zusammenhängen und warum es andere Menschen so schaffen, an einem einzigen Tag mit einer einzigen Bemerkung meine ganze innere Welt aus den Fugen zu heben. Als ich elf war, habe ich angefangen, Tagebuch zu schreiben. Meine Aufzeichnungen haben mich bei dem Inhalt dieses Buches unterstützt, seitdem ich vor ein paar Jahren herausfand, dass ich hoch sensibel bin. Ich hoffe, ich kann Sie mit meinen Erfahrungen ein wenig stützen, und selbst, wenn sie auch nur einmal das Gefühl haben, sich wiederzuerkennen, hat sich meine Mühe gelohnt, denn ich wäre damals froh gewesen, wenn mir jemand das gesagt hätte, was ich Ihnen mit diesem Buch mitgeben kann.

Bitte denken Sie daran, dass mein Erfahrungsbericht keine Therapie oder sonstige professionelle Hilfe ersetzen kann. Die Inhalte dieses Buches sind nach bestem Wissen und Gewissen recherchiert, aber ich hafte nicht für Irrtümer, die mit dem vorliegenden Text behaftet sein könnten und auch nicht für Schäden, die durch den Gebrauch des Buches und seines Inhaltes entstehen, da jede Interpretation und Verwendung vom Leser initiiert wird.

Das Buch mag Ihnen ein paar Denkanstöße geben, aber bitte scheuen Sie sich niemals, entsprechende Gespräche mit Ärzten oder Therapeuten und so weiter zu suchen, wenn Sie sich nicht gut fühlen.

Wenn Sie mir ein paar nette oder aber auch an-regende Zeilen schreiben möchten, ich bin unter www.sensiblermensch.de immer für Sie erreichbar.

Ich wünsche Ihnen alles Gute!

Maike Wesa

Teil 1

Ein Indianer kennt keinen Schmerz!

"AUTSCH, muss dieser Händedruck sein?!"
"Na ja, so schlimm ist das doch nicht, hähähä."
"Was? Du bist schon wieder krankgeschrieben? Ach was, Grippe, die kleine Erkältung!"
"Schwangerschaft ist keine Krankheit. "
Du Mimose, übertreib mal nicht, heißt das übersetzt.
Es ist den Leuten gar nicht bewusst, was sie damit anrichten, nicht nur in sensiblen Mamas. Meist ist der Satz nur nachgeplappert, um die Allgemeinheit etwas zu belustigen. Damit werden die Schmerzen nicht erträglicher, sondern es kommt auch noch das fiese Gefühl hinzu, man wäre ein Jammerlappen.
Sensitive Menschen sind sehr leidensfähig. Sie sind nicht nur stärker, sondern vor allem ausdauernder. Das Unverständnis von außen bringt sie aber zusätzlich in Erklärungsnot, denn Sensible wollen nicht als Schwächling gelten, der nichts aushalten kann.
Sie sitzen zwischen den Stühlen. Auf der einen Seite fühlen sie sich nicht wohl und möchten sich darüber mitteilen, auch um sich regenerieren zu dürfen und damit die eigene Gesundheit zu unterstützen, auf der anderen Seite wollen sich auch nicht zuviel Diskussionen auslösen, im Mittelpunkt stehen, geschweige denn, Bewertungen oder gar gutgemeinte Ratschläge über ihr Wohlbefinden erhalten. Sie wollen eigentlich, dass niemand darauf aufmerksam wird, denn sie haben gelernt, dass der Kommentar, man solle sich nicht so

anstellen, fast noch mehr wehtut, als der Kopfschmerz. Sensible haben die Befürchtung, mit ihrem Unwohlsein nicht ernst genommen zu werden. Das macht auch vor dem eigenen Arzt nicht halt. Sie selbst wissen, ihnen geht es nicht gut, können aber kaum sagen, was ihnen fehlt. Sie befürchten, als Hypochonder zu gelten oder dass man ihnen unterstellt, sie wollten nur Aufmerksamkeit. Und diese Befürchtungen, die sich vor dem geistigen Auge abspielen wie ein Film, veranlassen einen Sensiblen dazu, sich möglichst nicht über das eigene Befinden zu äußern. Bestenfalls fällt er gar nicht auf. Umso schlimmer, wenn sogar kleinste Kleinigkeiten von anderen kommentiert werden müssen.

Unsichtbar machen kann man sich ja leider nicht, also heißt es: Durchhalten! Das führt dazu, dass ein so „abgehärteter" Mensch extrem lange durchhält, oft länger, als wirklich gesund ist. Burnout haben Sie ja bestimmt auch schon mal gehört.

Wo andere schneller aufgeben, beißt sich dieser Mensch durch und muss sich anschließend anhören, zu ehrgeizig, zu verbissen, zu streng zu sein.

Ermutigend, nicht wahr? Sie sind kein Weichei!

Sie sind äußerst tragfähig, wenn Sie eine Situation aushalten müssen, bei der Sie wissen, diese Anforderung hat einen Sinn und auch ein absehbares Ende. Dadurch, dass Sensible gelernt haben, ihr Unwohlsein für sich zu behalten, klagen sie erst, wenn es für jeden

Normalsensiblen schon weit über die Grenze hinaus geht. Wenn sie dann zu hören bekommen, sie sollen sich doch nicht so anstellen, bekommen die Sensiblen das Gefühl, sie müssten sich noch mehr abverlangen.

Und erhoffen sich Anerkennung für ihre Leistung.

Das sehen Sie nicht so?

Überlegen Sie: Was tun Sie, wenn jemand zu Ihnen kommt und zu Ihnen sagt, das, was Sie leisten, ist der Standard? Sie reißen sich Tag für Tag ein Bein aus, warum eigentlich? Was bekommen Sie dafür? Nicht mal einen feuchten Händedruck. Und warum tun Sie das? Weil sensible Menschen von mehreren, starken Motiven getrieben sind, darunter das Mehr-leisten-zu-wollen.

Kurz gesagt geben wir die Verantwortung an unser Umfeld ab und sind enttäuscht, wenn dieses nicht so mit uns umgeht, wie wir uns das wünschen.

Klingt provokant, weiß ich. Aber weil das so ist, liegt auch genau hier der Schlüssel, um als Sensibler den Spieß endlich mal umzudrehen und sich sein Leben selbst frei zu gestalten, ohne aufgedrückte Phobien oder sonstige Störungen. Denn Sensible sind nicht krank, weil sie gesellschaftliche Standards scheinbar nicht erfüllen.

Wie gesagt: Die Anerkennung für unsere Leistung tritt nie ein. Wir wissen, dass wir viel auf uns nehmen, ja sogar die anderen mit vielem entlasten. Und niemand kommt und sagt: „Wow, Du nimmst ja irre viel auf

Dich, soll ich Dir was abnehmen?"

Dabei übersehen wir leider, dass normalsensible Menschen nicht riechen können, wenn wir auf dreihundert km/h fahren. Für sie ist alles OK, denn wir „sollen doch was sagen, wenn etwas nicht in Ordnung ist."

Tja, welcher empfindliche Mensch traut sich, stellt sich dahin und sagt tatsächlich, er mache zuviel für andere, darauf habe er jetzt entschieden keine Lust mehr? Welchem sensiblen Menschen ist es dann egal, wie die anderen das hinkriegen, wenn er aussteigt? Wer von uns glaubt wirklich, er bekäme eine Gehaltserhöhung, wenn er für seine Interessen einstünde?

Nein, sie haben Verständnis für die wirtschaftliche Lage des Arbeitgebers, während der seinen Porsche Cayenne nach Hause fährt.

Sie ärgern sich lieber darüber, den Chef wieder einmal damit belästigt zu haben. as muss der jetzt einen Eindruck haben?

Ein sensibler Mensch nimmt also auf sich, anstatt dankend abzulehnen.

Im Alltag zum Beispiel dann, wenn wir zu einer Party mitgeschleift werden, zu der wir uns nicht in der Lage fühlen, aber trotzdem mitgehen, um anderen nicht vor den Kopf zu stoßen. Wir könnten wieder mal als Einzelgänger gelten oder uns nachsagen lassen müssen, wir wären nicht an den anderen interessiert.

Wie wir es machen, es gibt für uns nur Frust. Tun wir dann also das Richtige? Wohl kaum, oder? Was also stattdessen tun?

Zunächst einmal: Andere Menschen können nicht in uns hineingucken, auch wenn uns das vielleicht bei anderen gelingt. Jeder Mensch legt unbewusst sein eigenes Befinden auch beim anderen zugrunde, man schließt also von sich selbst auf andere. Wir erwarten, dass sie doch eigentlich sehen müssen, wie es uns geht, um dann auf uns zuzugehen und uns Verständnis zu zeigen, das wir immer wollten. Daraus kann jedoch nur Frust entstehen, da enttäuschte Erwartungen vorprogrammiert sind. Das ist ein Anspruch, der niemals erfüllt werden kann, zumal wir ja mittlerweile alle wissen, dass sich jeder anders fühlt und dass jeder eine andere Wahrnehmung hat.

Was passiert also, wenn ich mir diese Erwartung an andere bewusst gemacht habe? Ich schaffe sie ab. Es gibt keine Erwartung mehr. Ich erwarte nicht mehr von anderen, dass sie mich berücksichtigen, dass sie Rücksicht nehmen und Verständnis zeigen.

Ganz von allein geht diese Verantwortung auf mich über. Denn wenn ich nichts von anderen erwarte, können die ja für mich nichts mehr erledigen. Das muss ich dann selbst tun. Wenn andere keine Rücksicht mehr nehmen, dann muss ich mich selbst schützen. So übernehme ich die Verantwortung für mich selbst. Und so löst sich in mir meine eigene Vorwurfshaltung,

„andere nehmen keine Rücksicht auf mich". Viele Menschen nehmen auch keine Rücksicht, aber das ist oft keine Bosheit. Sie denken einfach nicht darüber nach.

Aber was ist mit denen, die andere sehr eindeutig verletzen? Die treffen einen immer!

Es gibt durchaus mehr ignorante Exemplare von Menschen, als der Gesellschaft zuträglich ist, aber diese Leute WOLLEN um jeden Preis selbst im Mittelpunkt stehen und drehen Ihnen aus allem, was Sie tun und lassen, einen Strick. Alles, was halbwegs merkwürdig an Ihnen wirkt (und für Menschen des intriganten Typs findet sich da schon der kleinste Anlass, auch, wenn es für Menschen mit gesundem Verstand überhaupt keinen Anlass gibt), wird dazu verwendet, Sie vor anderen schlecht zu machen. Entgegenwirken können Sie dem nur, indem Sie sich klar machen, dass diese Personen den starken Drang haben, sich über andere erheben zu MÜSSEN. Sie können tatsächlich nicht anders. Diese Personen sind unfähig zu differenzieren und besitzen kein Wohlwollen denen gegenüber, die sie sich ausgesucht haben.

Warum?

Weil sie selbst um ihren Status fürchten und deswegen etwas brauchen, was sie laut betonen können, bei dem sie sicher sind, dass man ihnen kopfnickend zustimmen wird. Es ist so, dass Sie etwas ausstrahlen, was in ihrem Gegner für Unsicherheit sorgt. Es kann Ihnen egal sein, ob er sich vielleicht von Ihnen durchschaut fühlt oder wo er sich auch immer von Ihnen übertrumpft sieht. Es ist ein Kompliment an Sie!

Das macht zwar den bisherigen Frust nicht wett, das ist klar, aber Sie können sich besser von dieser Person abgrenzen, sodass ihre Geschosse Sie nicht allzu sehr verletzen. Bestenfalls gar nicht. Haben Sie also Nachsicht mit diesen unsicheren Geschöpfen, denn sie wissen sich nicht besser zu helfen. Ihnen fehlt einfach die Fähigkeit zur Selbstreflexion und das strategische Denken, denn sonst wären sie sich über ihre Handlungen im Klaren.

Intrigante und ignorante Menschen gehen so ziemlich jedem auf den Zeiger. Diese Leute machen sich überall unbeliebt. Nur regen sich empfindliche Menschen länger und deutlicher darüber auf, und Normalsensible sehen in der Regel selten Handlungsbedarf, sofern sie nicht selbst angegriffen werden.

Ganz im Gegenteil. Viele sensible Menschen haben sogar schon die Erfahrung machen müssen, dass sich Unbeteiligte von diesen Intriganten eine Meinung aufzwängen lassen bzw. sie nachplappern.

Das ist schlichter Herdentrieb, aber selten etwas für Sensible, denn die sind oft autonom unterwegs, gebrauchen also ihre eigenen grauen Zellen.

Du hörst das Gras wachsen!

Als sensibler Mensch können Sie feine, subtile Veränderungen wahrnehmen. Wo anderen höchstens nach einem Farbwechsel von Braun auf Blau auffällt, dass man die Haare anders hat, wissen Sie schon vor der Begrüßung, dass Ihre Bekannte nicht die gleiche Tagescreme benutzt, die sie früher trug. Und das hat sie Ihnen nicht erzählt, das sehen Sie.

Feinste Farbnuancen, Lichtänderungen, Tonlagen, Stimmen, Luft und Atmosphäre, Blicke in ihrer verschiedensten Ausprägung, all das erzählt Ihnen Bände und spielt auf dem breiten Klavier Ihrer Emotionen.

Das ist auch gut so. Wer so kleine Veränderung wahrnimmt, spürt auch, wenn etwas nicht stimmt. Sie bemerken sehr treffsicher, wenn jemand Sie anlügt, Ihnen eigentlich aus dem Weg gehen will oder was er wirklich meint, wenn er ein Statement abgibt. Jedes noch so kleine Detail wird wie ein Puzzleteil zu einem großen Ganzen zusammengesetzt, bis das Bild komplett ist und alle Ihrer Sinne arbeiten Ihnen dabei zuverlässig zu.

Die Fähigkeit, erkannte Muster auf neue Situationen zu übertragen, trainiert die Differenzierung. Das Ziel ist, so viele Facetten und Nuancen wie möglich aufzunehmen, um Situationen immer genauer spiegeln zu können. Hier ist auch die Perfektion optimal untergebracht: Je genauer das Bild von dem ist, was wir da vor uns haben, umso exakter können wir es bewerten und mit den wiederum neuen Erfahrungen verknüpfen. Es findet eine immer feiner werdende Sensibilisierung statt, denn immer mehr Details werden wahrgenommen, abgespeichert und für die Bewertung herangezogen. Der Nachteil besteht darin, sich in zu vielen Einzelheiten zu verlieren.

Der Mensch ordnet alles Wahrgenommene ein. Böse Zungen nennen es auch Schubladendenken, Kategorisierung oder Klischee. Klischee ist aber nur ein behelfsmäßiges Wort für eine durchaus nützliche Fähigkeit.

Wenn ich herausgefunden habe, welches Verhalten ein Mensch warum an den Tag legt, hat mein Gedächtnis diese Erfahrung in meiner inneren Bibliothek abgelegt. In Kombination mit vielen tausend weiteren Erfahrungen bekomme ich recht bald ein sehr treffsicheres Bild.

Das ist eine gute Fähigkeit, zu differenzieren und Dinge und Personen realistisch einzuschätzen.

Da ist nichts. Das bildest du dir ein.

Hach ja, wie ist mir dieser Spruch schon ans Herz gewachsen. Seitdem ich nicht mehr sage, was ich wahrnehme, vermisse ich ihn schon sehr.

Stellen Sie sich vor, Sie sind mit Ihrem Partner unterwegs, um Freunde Ihres Partners zu treffen.

Manche kennen Sie flüchtig, manche etwas besser, manche gar nicht. Die Meute hat sich bereits versammelt, als sich die Lautstärke fast unmerklich senkt, denn Sie treten hinzu, setzen sich und strahlen in die Runde. Zack, Sie haben Ihre Antennen auf dreihundert.

Da ist ein Blick, der Ihnen sagt, wie Sie taxiert und abgeschätzt werden, hier eine vorgehaltene Hand, die Symbol für unhöfliche Tuscheleien ist. Was geht da vor sich? Im Laufe des Abends merken Sie, wie Sie immer weniger an den Gesprächen teilnehmen. Die Themen werden immer uninteressanter oder Sie werden nicht einbezogen.

Sie sprechen Ihren Partner auf Ihre Beobachtungen hin an und ernten ein: „Das bildest Du Dir ein, das sind alles ganz nette Leute."

Sie stehen alleine da und wissen nicht recht, ob Sie jetzt Ihrer Intuition vertrauen sollen oder ob Sie unter Paranoia leiden.

Ein paar Monate später – Sie beobachten natürlich diesen Freundeskreis umso mehr, allein schon, weil sie wissen wollen, ob Sie tatsächlich Wahnvorstellungen verfallen sind – zeichnen sich Veränderungen ab. Da werden

Partys ohne Sie geplant und es machen diverse Gerüchte die Runde. Offensichtliche Unnettigkeiten, welche die Ihnen unterstellten Halluzinationen widerlegen.

Wieder einmal beschließen Sie, Ihrem Gespür nachzugeben, auch auf die Gefahr hin, als völlig verschroben zu gelten. Dass das einfacher gesagt als getan ist, wissen Sie bereits.

Aber Sie tun das Richtige. Sie spüren unterschwellige Vorgänge, und das bilden Sie sich nicht ein. Mit einer Lüge können wir schwer leben, vor allem, wenn wir uns selbst auch noch etwas vormachen sollen: „Hör auf, Dir was einzureden, was nicht so ist!"

Die meisten anderen Menschen verfügen nicht über diese Fähigkeit, machen Sie sich das bewusst! Das macht sie aber nicht weniger real.

Wie wir ja jetzt wissen, müssen wir selbst entscheiden, was wir als richtig empfinden. Und wenn Sie das so spüren, dann ist das auch so.

Richtig genutzt ist der Träger dieser Eigenschaft gut in der Lage, Stimmungen in Gesellschaften zu bemerken und diese zu beeinflussen, um zum Beispiel die Teambindung zu erhöhen. Das ist keine Manipulation, sondern die Gabe, Menschen zusammenzubringen.

Manipulativ sind Verkäufer auf Kaffeefahrten, die dieses Prinzip erkannt haben und Sie einer Gehirnwäsche unterziehen, um Ihnen Ihr Geld abzuluchsen. Manipulativ sind auch Kollegen, die Sie gegen die Neue impfen wollen, weil sie um ihren eigenen Arbeitplatz fürchten. Überall dort, wo eigene Interessen gefährdet sind, wird die allgemeine Stimmung zu den eigenen Gunsten gesteuert, also manipuliert. So entsteht Mobbing.

Laut einer Statistik des Bundesamtes für Arbeitsschutz haben neun von zehn Personen im erwerbsfähigen Alter ausgesagt, mindestens einmal in ihrem Leben gemobbt worden zu sein. Diese Tatsache an sich ist schon fatal, für den Einzelnen kann sie zur persönlichen Katastrophe werden, ganz abgesehen davon, was der Allgemeinheit für ein Schaden entsteht. Da fragt man sich doch, warum sich eine Gesellschaft so ins eigene Fleisch schneidet.

Von sensiblen Menschen wird oft geäußert, Stimmungen in anderen zu erspüren. Auch das ist keine Einbildung, sondern Ihre Feinfühligkeit. Lassen Sie sich also nicht einreden, dass Sie sich etwas einbilden und vertrauen Sie auf Ihre Wahrnehmung. Sie kann sie vor vielen unschönen Erfahrungen bewahren.

Was bist du so empfindlich?

Ohne empfindlich zu sein, können Menschen nicht einfühlsam sein. Ohne Empfindlichkeit würde der Zugang zu den kleinen, sehenswerten Details des Lebens fehlen. Empfindlich ist jeder Mensch in kleinerem oder größerem Maße. Nur bei einigen ist diese Empfindlichkeit stark erhöht. Die "Sensibelchen".

Bei manch anderen wiederum haben erzieherische Maßnahmen ihre Wirkung gezeigt und dafür gesorgt, dass Empfindsamkeit weitgehend ignoriert wird. Empfindsamkeit gehört für die meisten Menschen in die Kategorie „Behindert mich bei der Erfüllung der Erwartungen, die andere an mich haben."

Warum also wird Empfindlichkeit zum Vorwurf gemacht? Der Mensch geht davon aus, dass sein Gegenüber den Spruch, den Kommentar, das Witzchen schon nicht so eng sehen wird. Möglicherweise, weil er es selbst als nicht verletzend empfindet. Unterschiedliche Empfindlichkeitsgrade prallen aufeinander.

Wer hat das Recht zu bestimmen, wie viel Verletzlichkeit in Ordnung ist? Niemand. Und deswegen kann dieser Vorwurf nur falsch sein.

Was steckt hinter dieser Empfindlichkeit?

Fachbücher definieren Empfindlichkeit als erhöhte Wahrnehmungsfähigkeit, die es uns ermöglicht, auch kleinste Details zu erfassen, aber wiederum dafür verantwortlich ist, dass sensible Personen weniger Reize benötigen, als im Alltag auftreten. Das sorgt sehr häufig für schnelle Überspannung.

Es gibt aber nicht zuviel oder zuwenig Empfindlichkeit. Es gibt viel und wenig, aber eine Polarisierung dessen würde einer Bewertung gleichkommen, die die Natur so nicht stellt. Nur der Mensch kann sich nicht damit abfinden, dass es Dinge gibt, die er nicht nachvollziehen kann.

Alles hat gleich verteilt seine Vor- und Nachteile, ist also gleich gewichtet, und deswegen kann es kein ZU wenig oder ZU viel geben.

Die Empfindlichkeit ermöglicht erst eine breite Palette an Erkenntnissen und Erfahrungen. Ohne Empfindlichkeit wäre die Vermittlung von Werten schwierig, Genuss nicht vorhanden und die grundlegendsten Dinge unmöglich. Wir hätten keine Hobbies; Kunst, Musik, Schauspiel hätten keine Chance, es gäbe nichts zu lachen.

Eine solche Frage, warum ich so empfindlich sei, kann ich dann immer nur damit beantworten, dass es ohne Empfindlichkeit ziemlich traurig aussähe auf der Welt und es eher darum geht, wie wer was gesagt hat. Es geht also um Kommunikationsschwierigkeiten, nicht darum, anmaßenderweise meine Sensibilität zu bewerten.

Sie tun gut daran, das Gespräch wieder auf die Ebene zu bringen, auf der es eigentlich geklärt werden sollte: auf der sachlichen. Gehen Sie nicht auf die Anklage der Empfindlichkeit ein und ignorieren Sie dieses unmögliche Benehmen. Es ist besser, situationsbezogen zu erklären, warum Sie das so möchten oder nicht möchten, aber lassen Sie Ihre Sensibilität außen vor. Greifbare Gründe sind einfacher nachzuvollziehen als so etwas Abstraktes wie Sensibilität.

Fühlen Sie sich angegriffen, können Sie auch sagen, dass es keinen Grund gibt, Sie aufziehen zu wollen und dass dieses Verhalten inakzeptabel ist. Lassen Sie sich aber nicht auf eine Diskussion ein.

Seien Sie ruhig mutig und man wird schnell merken, dass Sie es verstehen, sich zu schützen.

Jetzt übertreib mal nicht!

Tagelang wälzt man ein Problem, dreht sich im Kreis und findet die Ausfahrt nicht.
Systemfehler, der Bildschirm friert ein.
Bevor die Lösung aber nicht gefunden ist, findet man keine Ruhe. Warum kann man nicht einfach abschalten? Weil das System sehr sensibler Menschen darauf gepolt ist, möglichst fehlerfrei zu funktionieren. Wenn wir einen Fehler gemacht haben und das schwere Folgen nach sich zieht (Freundschaft wurde aufgekündigt, jemand kam zu Schaden, ein simpler Parkschaden kann einen sensiblen Menschen schon in die persönliche Bredouille bringen), versuchen wir mit aller Gewalt, unseren Denkapparat wieder reibungslos zum Laufen zu bringen. Die Emotionen stehen uns dabei im Weg und erschweren es dem Verstand, ordentlich zu arbeiten. Wer sensibel ist, nimmt sich vieles mehr zu Herzen als durchschnittlich sensible Menschen.
Manchmal beißt man sich dann schon an Kleinigkeiten fest. Ein solcher Spruch setzt dann allerdings noch mehr unter Druck und man beginnt, an sich zu verzweifeln, was dann wiederum den Vorwurf des Jammerns nach sich zieht.
Sie finden das destruktiv? Nein, das ist die Realität.
Dahinter steckt, wie schon angesprochen, unser Bestreben, fehlerfrei zu „funktionieren". Was an sich ja nicht schlecht ist, aber hin und wieder zum Blackout führen kann, man denke zum Beispiel an Prüfungsangst.

Das Ziel kann aber nicht sein, weniger sensibel zu werden oder es einfach mal „gut sein" zu lassen, denn das kann ich "Sensibelchen" nicht. Es geht darum, wie die eigenen Gefühle in solch extremen Situationen so kanalisiert werden können, dass sie unseren Verstand nicht behindern, sondern so zur Lösung des inneren Konfliktes und dann zur Lösung der Situation beitragen. Das Ziel ist die Überlegung, welche Emotionen mich so festhalten und welche Möglichkeiten ich wählen kann, um sie in etwas Produktives umzuwandeln.

Ist es Angst? Kann ich das Übel selbst beseitigen oder benötige ich Hilfe dafür?

Ärger über sich selbst? Kann ich mir auch verzeihen?

Enttäuschung? Hatte ich eine zu hohe Erwartung, die ich reduzieren müsste?

Welches Gefühl hält einen gefangen?

Auf was oder wen bezieht sich dieses Gefühl? Hat man sich über jemanden geärgert oder ist man enttäuscht über die eigene Leistung?

Andere Menschen kann ich nicht ändern – will ich mich dann immer wieder von ihnen ärgern lassen? Nein. Kann man eine treibende Kraft daraus entstehen lassen, wenn man viele Emotionen beherbergt, die einen manchmal geradezu überfluten? Können Sie Ihre Emotionen in einzelne Kategorien einteilen, um einen ruhigeren Überblick zu bekommen?

Wenn ich mich über mich selbst ärgere, sollte ich daran

denken, dass meine Emotionen mir nicht helfen können, ein entspannteres Leben zu führen, das kann ich nur über den Kopf erreichen. Also ist Schadensbegrenzung angesagt. Muss ich mich bei wem entschuldigen? Muss ich vielleicht ein Bußgeld zahlen? OK, diese Schritte muss ich durchlaufen, und dann muss das Thema dort auch sein Ende finden.

Bis dahin werden Sie sich schon genug einen Kopf darüber machen, wie Sie das das nächste Mal verhindern können und das reicht.

Niemand erhebt an Sie den Anspruch, alles fehlerfrei zu machen, diesen Anspruch stellen Sie selbst an sich, denn fragen Sie sich einmal, wer in Ihrem Leben zu Ihnen schon gesagt hat, was Sie alles schaffen und erreichen müssen, um akzeptiert zu sein?

Setzen Sie sich selbst also einen Punkt, an dem Sie Ihren Gedanken konsequent das Weiterreden verbieten werden. Das klappt nicht sofort und auch nicht immer, haben Sie Geduld und Verständnis für Ihre Menschlichkeit!

Nun halt doch mal den Mund!

Sie hatte einen anstrengenden Tag hinter sich: Am Vormittag hatte sie vom Tod eines entfernten Bekannten erfahren. Sie hatte damals nur sporadischen Kontakt zu ihm, aber er war ihr immer sympathisch gewesen. Diese Nachricht nahm sie sehr mit. Währenddessen lief im Büro der hektische Alltag weiter, im Hintergrund plärrte das Radio, alle paar Minuten klingelte das Telefon. Sie musste unbedingt ihren Bericht fertigstellen, bevor der Chef aus der Mittagspause wieder kam, denn dann stand ein Meeting an.

Sie bemerkte, wie sie aus dem Fenster starrte. Sie musste sich beeilen und verzichtete auf ihre Pause.

Als sie an diesem Tag die Wohnungstür hinter sich schloss, empfing sie ihr Mann im Flur: "Der Babysitter hat eben abgesagt, aus unserem Essen wird nichts. Ich habe die anderen schon angerufen, dass sie heute mal wieder auf uns verzichten müssen. Ich glaube, die ziehen sich bald zurück, wenn wir immer nur zu Hause hocken."

Ein beklemmendes Gefühl machte sich in ihr breit. Sie fühlte sich zuständig dafür, dass ihre Freundschaften funktionierten. Nicht zuletzt deswegen, weil sie immer öfter darum bat, zu Hause zu bleiben, um Ruhe zu finden. Sie bekam ein schlechtes Gewissen. Wenn sich die Freunde abwendeten, würde sie sich sicher Vorwürfe anhören müssen.

Sie erzählte von ihrem Projekt und davon, dass sie im Büro von einem Kollegen boykottiert wurde, der aber an der Entscheidung für dieses Projekt beteiligt war. Sie befürchtete, dass man die Notwendigkeit dieser Veränderung nicht erkannte und ihr Projekt auf Eis legte. Ihr persönlich war aber klar, dass die Firma viel Glaubwürdigkeit verlöre, würde die Aktion an die Presse gelangen. Sie wusste weder ein noch aus. Sie fühlte sich verantwortlich und schüttete ihrem Mann ihr Herz aus. "Das hast Du mir alles gestern schon erzählt, steigere Dich doch da bitte nicht so hinein! Du musst damit klarkommen. Das Leben und das Business nehmen nunmal keine Rücksicht darauf, was Du willst. Und Du hast überall Kollegen, die einen nicht mögen, das rechtfertigt aber noch lange keine Kündigung. Sei froh, dass Du den Job hast! Du hast doch selbst gesagt, wie wichtig Dir das ist. So. Ich muss jetzt ins Bett."

Sie fühlte sich plötzlich sehr einsam. Als sie spätabens im Bett lag, war sie hellwach. Ihre Gedanken ließen sie nicht mehr los, sie fand nur schwer in den Schlaf. Am nächsten Morgen war sie so gerädert, dass sie überlegte, zu Hause zu bleiben. Den nervigen Kollegen würde sie jetzt nicht aushalten können. Aber das Projekt musste doch durchgeboxt werden!

Hohe Sensibilität zieht zwangsläufig mit sich, dass viele Eindrücke verarbeitet werden müssen. Vieles davon wird am besten verarbeitet, wenn man darüber spricht.

Sensible Menschen sind wie vor den Kopf geschlagen, wenn ihnen nicht bis zum Ende zugehört wird. Sie fühlen sich mit ihren Problemen allein gelassen, sitzen auf ihrem Stress fest und bekommen den Eindruck, dass ihre Probleme für andere nicht wichtig sind.

Wenn sie dann abends wach im Bett liegen, sind sie bereit zur Flucht. Unter Stress stehen die eigenen Antennen auf vollem Empfang, man wälzt sich auf seinem unbequemen Kissen hin und her, wischt Krümel vom Laken, zieht Falten aus dem Nachthemd, trinkt nochmal einen Schluck Wasser, putzt sich nochmals die Nase. Man wartet auf etwas, was das innere Fass zum Überlaufen bringen könnte.

Klares Denken oder gar Abschalten wird unerreichbar, Entspannung schier unmöglich. Das leise Schnaufen des Partners wird unerträglich. Jedes Problem wird noch einmal durchdacht, Pro und Contra abgewogen, Lösungswege gesucht. Bevor kein annehmbarer Weg logisch durchleuchtet und belegt wurde, ist an Schlaf nicht zu denken.

Hochsensible unterliegen dem Druck, alles bis zum Ende durchzuziehen, egal, zu welcher Uhrzeit oder wie erschöpft sie sind. Sie müssen Auswege finden aus ihren kreisenden Gedanken.

Als kleines Mädchen war ich eine regelrechte Quasselstrippe, habe einen Gedanken nach dem anderen ausgesprochen. Für mich war es damals undenkbar, nicht ständig zu überprüfen, ob ich auch richtig so dachte. Meine Familie sah sich an den Rand ihrer Aufnahmefähigkeit gedrängt und befahl mir, nun endlich mal aufzuhören mit dem Gequatsche. Ich habe dann angefangen zu singen.

Den Satz, doch bitte endlich den Mund zu halten, hören Sie von Menschen, die sich nicht mit Ihnen auseinandersetzen können. Nicht, nicht wollen, sondern nicht können. Weil gerade keine Zeit für Aufmerksamkeit da ist oder weil es auch einfach reicht an Informationen.

Andererseits müssen Sie natürlich akzeptieren, dass es in manchen Situationen einfach nicht passt. Einfacher geht das, wenn Sie woanders extra eine Plattform dafür haben, auf der Sie sich austoben können. Haben Sie einen Freund, mit dem Sie regelmäßig ganz ordentlich frei diskutieren können?

Denn eines sollten Sie nicht tun: Ihr Bedürfnis nach Austausch und Weiterentwicklung unterdrücken, weil es angeblich nicht gewollt ist oder nicht honoriert wird. Diese Vermutug, abgelehnt zu werden kann in die Depression führen!

Auch wird erwartet, dass andere sich auf uns einstellen und für unsere tiefen Gedanken empfänglich sein müssen. Kommen Sie weg davon. Es IST gewollt, ja, es wird sogar gebraucht! Aber den Treffpunkt müssen Sie sich selbst suchen. Suchen Sie sich auch bewusst

Möglichkeiten der Entspannung, nehmen Sie an Kursen zu autogenem Training teil. Wenn Sie wieder einmal schlaflos im Bett liegen, versuchen Sie, Ihre Gedanken zu ignorieren und ihnen zu verbieten, sich zu dieser Uhrzeit noch mitzuteilen oder schreiben Sie sie auf und legen Sie dann Stift und Papier beiseite. Am nächsten Tag werden Sie noch genügend Gelegenheit dafür finden, die Aufzeichnung zu überdenken. Der Schlaf ist jetzt wichtiger!

Du bist aber zickig!

Sie nehmen viel wahr. Sie sind von der Existenz dessen, was Sie wahrnehmen, überzeugt und wenn Sie eines nicht abkönnen, dann ist das himmelschreiende Ungerechtigkeit. Das will ausgesprochen werden.

Die einen sagen dann, Sie wären zickig. Ich sage Ihnen: Sie haben offene Augen und benutzen Ihren Denkapparat. Sie sehen, wo andere blind sind und damit haben Sie die Möglichkeit, Systeme und Strukturen zu verbessern. Sie werden zwar selten auf Unterstützung stoßen, aber auch das ist vielfach eine Sache der Kommunikation.

Ein wacher Geist ist jedoch gut von arroganter Zickigkeit darin zu unterscheiden, dass Zicken nur an sich selbst denken. Menschen aber, die Fehler im System erkennen, handeln für alle und gehen damit das Risiko ein, sich unbeliebt zu machen. Das ist alles andere als egoistisch!

Zeigen Sie Selbstbewusstsein: „Ich bin nicht zickig, ich sage die Wahrheit. Einer muss den Job ja machen!"

Der Mensch ist ein Gewohnheitstier, aber Sie bringen frische Veränderung und Veränderungen sind <u>immer positiv</u>!

Du machst dir zu viele Gedanken!

Grübel, grübel, grübel, nicht wahr?

Gott und die Welt sind nicht genug, Sie müssen sich auch noch über die Menschen und ihr Verhalten, über das Universum und über die deprimierende Leichtigkeit des Lebens Gedanken machen. Über die Gedanken an sich, ihren Verlauf in Ihrem Kopf und Ihre Fähigkeit, sich selbst beim Denken zuzuschauen (das ist Metadenken). Haben Sie schon mal versucht, andere an diesem Spiel teilhaben zu lassen?

Ihre Mitmenschen versuchen hin und wieder, Sie davon abzuhalten, indem sie wohlwollenderweise anmerken, dass es nicht notwendig sei, sich Gedanken über alles Mögliche zu machen. Man möchte, dass es Ihnen gut geht, und sich „zu viele" Gedanken zu machen, wird als anstrengend empfunden. Auf der anderen Seite wird aber von den gleichen Menschen alles als eindimensional bezeichnet, was nicht ihrem eigenen Anspruch genügt. Man weiß also selbst nicht ganz so genau, was die anderen denn nun wollen.

Das Ziel ist aber immer eines: Sie zum Maßhalten zu bewegen, was an sich ja nicht sinnlos ist.

Aber glauben Sie mir: Wenn alle Menschen der Erde nur 10 Prozent Ihrer Überlegungen leisten würden, wäre die Welt ein deutliches Stück reicher, und damit meine ich nicht in finanzieller Hinsicht. Und es hat einen Sinn, warum Sie so viel denken: Sie trainieren sich selbst ihre

Denkfähigkeit rund um die Uhr.

Sie haben allen Grund, stolz auf Ihren klaren Verstand zu sein. Sie sind kenntnisreich im Lösen von Problemen, Sie trainieren die Bewertung Ihrer Wahrnehmungen, spielen verschiedene Situationen im Kopf durch, bis Sie die Optimale gefunden haben.

Ich möchte in diesem Buch nicht näher auf angrenzende Bereiche eingehen, aber das Kapitel erfordert zumindest das Ankratzen: Es steht zur Diskussion, ob Hochsensible auch einen Zugang zur Hochbegabung haben. Im Punkt der Denkfähigkeit würde ich klar sagen: Mindestens diesen!

Hochbegabte denken auf parallelen Wegen frei nach dem Motto: Viele Wege führen nach Rom und ich finde schneller als Google Maps heraus, welcher das ist.

Wir können uns nur nicht für einen Weg entscheiden, weil wir uns nicht genügend Zeit lassen oder nehmen.

Anschließend halten wir uns unfähig, eine passable Lösung in einer passablen Zeit zu finden. Wir sind aber nicht dumm! Wir haben nur mehrere Lösungswege.

Wenn Sie also etwas gefragt werden, was tiefer gehendes Nachdenken erfordert und sich zeitlich unter Druck sehen, bitten Sie um Verständnis: „Brauchst Du die Antwort sofort? Ich müsste mir dazu erst einmal Gedanken machen." Selbst wenn eine sofortige Entscheidung getroffen werden muss, sollten Sie sich selbst ein paar Minuten nehmen, bis Sie das Gefühl haben, sich nun für sich vertretbar entschieden zu haben. Denn dann liefern Sie die Begründung und Ihre Überlegungsschritte gleich mit.

Wenn uns aber etwas beschäftigt, mit dem wir nicht fertig werden, werden wir nicht müde, unablässig nach einer Lösung zu suchen. Die Beantwortung einer heiklen Frage brennt uns so sehr unter den Nägeln, dass wir sämtliche Quellen heranziehen, um eine einigermaßen befriedigende Meinung vertreten zu können. Das heißt auch, dass alles und jede Meinung kritisch hinterfragt werden muss. Das ist nicht immer angenehm für das Umfeld. Bei Kindern ist das die berühmte Frage nach dem Warum: Die Dinge wollen verstanden werden.

Sensible sind daher niemals Mitläufer. Sie haben sich zu vielen Dingen ihre eigene Meinung gebildet, und genau das ist eine Eigenschaft, die Respekt verdient.

Ein Tipp: Bewerten Sie Ihre Lösungen in ihrer Effektivität, ordnen Sie sie im Geiste danach. Welche Lösung führt das Ergebnis außerdem nach welchen Gesichtspunkten herbei? Die eine ist da eher bequem, die andere gründlich. Die eine lässt sich schnell umsetzen, die andere berücksichtigt weitere Meinungen. Geben Sie jeder Lösung nur EINEN Gesichtspunkt. Zugegeben, das ist nicht einfach, aber alles braucht ein wenig Übung. Bestenfalls nehmen Sie die, die Sie als die pragmatischste ansehen, denn dann sind Sie auch bereit, es nicht jedem und allem recht zu machen und sich damit zu verzetteln.

Du weiß nicht, was du willst!

"Kind, lern´ was Ordentliches!"
Haben Sie so wie ich einen abwechslungsreichen Lebenslauf?
Ich wollte ursprünglich Arzthelferin werden, bin aber an meinem ersten Praktikumstag umgekippt, weil ich kein Blut sehen konnte. Das war mein 16. Geburtstag, und mein Praktikum habe ich bei einem Unfallchirurgen gemacht. Das Thema war dann Geschichte.
Dann habe ich es mit Erzieherin versucht, habe anschließend in einer Auftragsannahme gearbeitet, eine Ausbildung zur Grafikerin gemacht, bin ins Marketing gewechselt und schließlich in der Selbstständigkeit gelandet.
Ich will Sie jetzt gar nicht weiter mit alldem langweilen, sondern nur ein Musterbeispiel für berufliche Selbstfindung vorführen.
Solche Menschen sind auf der Suche. Nach einer Arbeit, die sie für den Rest ihres Lebens machen können, aber sie würden dort eingehen wie eine Primel. Kreative Menschen, und das sind Sensible in hohem Maße, brauchen Herausforderung, Abwechslung und Weiterentwicklung. Nichts ist schlimmer als Stillstand. Der richtige Job muss zum Sensiblen passen, um in ihm die produktivsten Potenziale zur Entfaltung zu bringen. Er muss einen Sinn in seiner Tätigkeit sehen. Die Suche nach der richtigen Arbeitsstelle kann dann schon etwas länger dauern.

Ihnen hat man das bestimmt auch schon als Konzeptionslosigkeit angeprangert, oder? Sie wüssten nicht, was Sie wollten und alles, was Sie anpackten, führten Sie nicht zu Ende.

Und? Schnippt dann wer mit dem Finger und man hat einen aalglatten Bewerbungsbogen? Wer hat den eigentlich? Gibt es da draußen tatsächlich noch Menschen, die ihr liebes Leben lang ein und derselben Arbeit nachgegangen sind? Ohne Ausreißer? Ohne Pausen?

Wie langweilig. Nur arbeitslos sind wir alle schon mal gewesen.

Vor diesem Hintergrund ist dann die unnötige Frage nach der Lücke im Lebenslauf während des Bewerbungsgespräches ziemlicher Blödsinn. Auch der Personalchef, der vor Ihnen sitzt, war mal arbeitsuchend. Mittlerweile ist man ja dazu übergegangen, einen solchen Lebenslauf positiv zu interpretieren: vielseitige Kompetenzen und Fähigkeiten, reichliche Erfahrungen. Sie sind nicht unentschlossen, Sie sind flexibel. Sie sind mutig genug, unbekannte Wege zu gehen und das Risiko des Scheiterns in Kauf zu nehmen.

Obwohl Sie sensibel sind und ein eher berechenbarer Arbeitsalltag angenehmer wäre, um Überstimulation zu vermeiden, tauchen Hochsensible in den verschiedensten Berufen auf, die alles andere als seicht sind:

Ärzte, Psychologen, Sozialarbeiter, Coaches, Schauspieler, Verleger, Regisseure, Journalisten, Strategen, Ingenieure, Missionare und Pastoren, Bibliothekare, Seelsorger, Theologen, Richter, Lehrer, Juristen, Lebensberater, Grafiker, Wissenschaftler und Forscher, Universitätsprofessoren, Architekten, Biologen, Controller, Erzieher, Finanzexperten, Übersetzer.

Sensible sind die geborenen Gestalter und Erschaffer, selten nur Befehlsempfänger. Sie sind Strategen, Logiker und verfolgen wasserdichte Argumente.

Auch die Selbstständigkeit wird mit der Sensibilität nicht ausgeschlossen, im Gegenteil. Selbstständige nutzen ihre empfindlichen Antennen für außergewöhnlich gute Kundenbeziehungen. Unternehmen tun gut daran, Hochsensible in Positionen einzusetzen, die außerordentliches Gespür und psychologisches Geschick mit Kunden und Geschäftspartnern erfordern.

Zusammengefasst ist es der ständige Trieb nach Weiterentwicklung, eine starke Neugier, das unablässige Forschen und Nachdenken, was solch aktive Menschen dazu bewegt, in alle möglichen für sie interessanten Bereiche hineinzuschauen.

Ein systematisches Vorgehen zur Berufswahl scheitert daran, dass während dieser Planung zu viele Eventualitäten eintreten und anderes wiederum wegfällt.

Das macht es uns so schwer, ein Ziel zu finden.

Es ist aber nicht schlimm und auch nicht verkehrt, sich

für die Berufswahl die Zeit zu nehmen, die man braucht, um umfangreiche Erkenntnisse über die eigenen Fähigkeiten und Neigungen zu bekommen. Praktika haben sich hierfür ja bewährt.

Sie müssen sich nicht dazu zwingen, nur um der lieben Unauffälligkeit zuliebe eine Laufbahn einzuhalten, die Ihnen zuwider ist oder um möglichst schnell einen Abschluss zu haben, sofern Sie über die Freiheit verfügen, sich etwas Zeit lassen zu können.

Ich möchte Ihnen außerdem empfehlen, sich einen guten Coach zu suchen, der fähig ist, mit Ihnen Ihr verdecktes Potenzial noch weiter zu entfalten.

Leg' dir mal ein dickeres Fell zu!

Der Typ, der Ihnen Vorfahrt und Parkplatz wegnahm, bringt Sie ratzfatz auf die Palme? Die frechen Nachbarn, die ihren Müll mal wieder unter Ihrem Schlafzimmerfenster deponiert haben oder jede zweite Nacht zu laut sind, würden Sie am liebsten wegen Körperverletzung verklagen?

Nehmen Sie es doch nicht so schwer. Regen Sie sich nicht auf! Schaffen Sie sich ein dickeres Fell an, meint ja schließlich keiner persönlich!

Ich platze bei solchen Gelegenheiten regelmäßig. Im Supermarkt, wenn mir wieder jemand unangenehm auf die Pelle rückt oder mir seinen Blechhaufen auf dem Parkplatz fast in die Knie rammt, weil ich den Kinderwagen neben mein Auto auf einen weiteren Parkplatz gestellt habe, um meinen Nachwuchs einzuladen. Ging nicht anders. Ja, wie konnte ich nur ...?

Und eingesehen, dass ich meinen Ärger herunterschlucken soll, habe ich noch nie.

Warum?

Damit noch mehr Menschen ihr schlechtes Benehmen pflegen können und Ignoranz immer mehr akzeptiert wird?

Sie sind kein Choleriker! Sie haben ein Gefühl für Werte wie Respekt und Rücksichtnahme, und je mehr andere dagegen verstoßen, umso mehr fühlen Sie sich in Ihrer höflichen Distanz anderen Gegenüber verhohnepiepelt. Nicht umsonst gibt es so viele Diskussionen darüber, ob man für den persönlichen Erfolg egoistisch auf Kosten anderer sein darf. Nein, man darf es nicht!

Sicher, die eigenen Emotionen müssen nicht immer den Empfänger treffen, ein Sprüchlein zur richtigen Zeit ist effektiver, jedoch müssen Sie Ihren Ärger nicht hinunterschlucken, denn Sie haben recht.

Eine Gesellschaft muss in der Lage sein, sich selbst zu regulieren.

Würden wir alle immer nur den Mund halten, weil wir uns ein dickeres Fell angeschafft haben, würde es bald niemanden mehr interessieren, wie miteinander umgegangen wird. Ein dickes Fell zu haben, bedeutet, unempfindlich zu werden gegen jedweden Angriff von außen. Ist das zielführend? Sicher, es geht um Selbstschutz. Aber eine eigene Verteidigung wäre doch gar nicht vonnöten, wenn es das schlechte Benehmen im Allgemeinen nicht gäbe, oder? Netter Nebeneffekt wäre ein wesentlich stressfreieres Leben für alle, aber das ist wohl offensichtlich marginal.

Werte aber geben Sicherheit und Schutz für die Schwächeren, sind also etwas Gutes. Verteidigen Sie diese Werte noch mehr und fordern Sie auch laut deren Einhaltung ein, denn unsere Gesellschaft braucht Menschen mit Werten. In Zeiten von Heuschreckenkrise und Pleitenfolgen mehr denn je. Werte und Respekt halten eine Gemeinschaft zusammen, Egoismus aber zerreißt sie.

Das dicke Fell und taube Ohren brauchen Sie vor allem dann, wenn Sie Verunglimpfendes über eine dritte Person hören.

Sensible leiden oft noch etwas mehr und etwas länger darunter, was ihnen passiert ist. Sie verstehen nicht, dass Menschen so gleichgültig mit anderen umgehen und stellen die menschliche Vernunft infrage.

Es reicht schon, wenn sich in einer langen Schlange einfach jemand frech vorpfuscht. Das interpretieren wir als puren Egoismus und reine Selbstsucht. Und das ist es tatsächlich. Solche Kleinigkeiten lassen den Sensiblen dann an der weltweiten Gerechtigkeit und am allgemeinen Anstand zweifeln, anstatt es einfach hinunterzuwürgen und sie führen auch schon mal dazu, zum Pessimismus überzugehen.

Damit Ihr geschluckter Ärger Ihnen nicht Ihren Alltag versaut, sollten Sie sich eine Distanz zu den Geschehnissen zulegen. Verfallen Sie nicht dem Erziehungsimpuls, verzichten Sie nach Möglichkeit darauf, sich selbst mit dieser Person gleichzusetzen. Egoismus hat kein Niveau. Das dürfen Sie auch sagen, aber das muss auch hier wieder Ihr Punkt werden, den Ärger damit abdampfen zu lassen und ihm keine weitere Möglichkeit zu geben. Sie können dann schlagartig an etwas Entspannendes denken, etwas, das Sie schön finden.

Nimm nicht alles gleich so persönlich!

Nicht nur Hochsensible nehmen Dinge persönlich.
Die Diskrepanz zwischen dem, was der eine sagt und der andere empfängt, hat schon Watzlawick in seiner Kommunikationstheorie behandelt:
„Die Ampel da vorn ist rot!" Wie würden Sie reagieren?
„Ja, sehe ich!"
„Fahre ich oder fährst Du?"
„Ich bin nicht blind!"
„Nimm das doch nicht gleich persönlich!", folgt dann zwangsläufig. Eine Information, die auf einer sachlichen Ebene abgeschickt wurde, kann auf einer emotionalen landen, denn die Interpretationsspielräume sind groß und abhängig von vielen Faktoren wie persönlichen Erfahrungen, Neigungen, Temperament etc.
Etwas nicht persönlich nehmen zu sollen, beschreibt also eher die Aufforderung, bitte die Information richtig zu interpretieren, also auf der Ebene, von der aus sie abgeschickt wurde. Aus dieser Sichtweise heraus stehen dann auch dumme Kommentare, überflüssige Ratschläge und verletzende Witzchen plötzlich in einem anderen Licht, können rationaler bewertet werden und verlieren damit ihre Wucht.
Trotzdem wirken diese Äußerungen verletzend, stellen die eigene Denkfähigkeit infrage. Sensible Menschen interpretieren nicht selten auch noch Boshaftigkeit hinein. Das erschwert eine objektive Beurteilung des Gesagten.

Vor allem Bemerkungen über das Äußere und über Verhaltensweisen können in dem kritisierten, sensiblen Menschen ganze Ketten von traurigen Gefühlen hervorrufen.

Eine einzige Bemerkung lässt uns den ganzen Tag darüber nachdenken, was wir jetzt schon wieder falsch gemacht haben.

Ich habe beschlossen, damit so umzugehen: Grundsätzlich denke ich mir, dass sich dieser Mensch, der mich eben mit dieser Äußerung getroffen hat, keine Gedanken darüber gemacht hat, was er damit bezweckte, also rein aus dem Bauch heraus seine Meinung kundtat. In den meisten Fällen stößt er damit ja auch auf offene Ohren, ein humoristisches Gemüt oder jemand gänzlich Schmerzfreies. Und unter einem von zehn Menschen, die bisher mit seinen Sprüchen kein Problem hatten, ist einer, der nicht so reagiert, wie der Absender das gewohnt ist.

Erheben Sie nicht den Anspruch an Ihre Mitmenschen zu wissen, wie manche Dinge bei Ihnen landen. Halten Sie sich vor Augen, dass es immer zwei Seiten gibt: Den, der die Botschaft absendet und was er damit wirklich bezweckt und den, der die Botschaft empfängt und wie er sie bewerten will.

Sie haben richtig gelesen: Bewerten WILL. Wenn wir uns über eine Aussage aufregen, die eigentlich gar keinen Anlass dafür bietet, dann kann es sein, dass wir einfach bisher noch keinen anderen Weg gefunden haben, damit umzugehen. Wenn es einen triftigen Grund gibt, sich aufzuregen, haben wir so die Möglichkeit zu entscheiden, ob wir uns überhaupt aufregen WOLLEN. Muss ja nicht immer sein, auch wenn das Gegenüber überhaupt keinen Anstand besitzt.

Es ist sinnlos zu versuchen, "einfach mal locker" zu werden. Derjenige, der das von sich gegeben hat, hat einfach kein Fingerspitzengefühl.

Der Ärger aber leider bleibt und der nächste flapsige Kommentar kommt bestimmt.

Eventuell hilft es Ihnen, mit diesen Dingen wie folgt umzugehen: Nicht jeder will Ihnen etwas Böses, der Sie kennenlernt. Klar, Sie werden abgecheckt und gescannt von oben bis unten. Und ja, es gibt auch Menschen, die sind einfach mies, aber das haben Sie nicht zu verantworten, wenn diese Mitmenschen unfähig zu einem entspannten, liebevollen Alltag sind, jeder macht sich sein Leben so, wie er will. Das müssen Sie ja nicht nachmachen.

Sie haben es also selbst in der Hand: Wie WOLLEN Sie Ihr Gegenüber sehen? Ich bin mir sicher, Sie wollen grundsätzlich Gutes.

Wenn Sie sich ernsthaftem Mobbing am Arbeitsplatz ausgesetzt sehen, dann handeln Sie sofort und informieren Sie Ihren Chef! Mobbing ist kein Kavaliersdelikt!

Du bist so still. Langeweile ich dich?

Oft passiert es, dass ich mit anderen zusammensitze und ich unbemerkt meiner Stimmung nachspüre. Nicht selten werde ich dann gefragt, ob etwas mit mir los sei, ich sei so still.

Oder ich lerne neue Leute kennen. Dann ich warte ab, welches Verhalten ich zeigen kann. Ein Normalsensibler macht sich darüber keine Gedanken, er gibt sich so, wie er nun mal ist.

Es passiert mir auch, dass ich mit anderen Menschen einfach kein Thema finde. Ich bin schon oft gefragt worden, ob andere mich langweilen oder ob ich schüchtern sei. Ich habe verschiedene Gründe dafür gefunden.

Zum Einen brauche ich hin und wieder eine Pause, meistens dann, wenn viel um mich los ist. Dann merke ich hin und wieder, wie ich anfange, in der Gegend herum zu starren.

Zum anderen ist es die Unsicherheit, wenn ich nicht weiß, was von mir erwartet wird. Dann bin ich lieber still, anstatt die Gefahr einzugehen, etwas Falsches zu sagen.

Das trifft auch dann zu, wenn ich eigentlich in Gesellschaften darauf warte, dass ein Thema zur Sprache kommt, bei dem ich einsteigen kann. Da dies meistens sehr lange auf sich warten lässt, sitze ich oft einfach nur daneben, höre zu, und beobachte, wie sich in meinem Kopf die verschiedensten Zusammenhänge bilden,

Antworten auf Fragen entstehen, sich tiefer gehende Gedanken bilden. Sie haben vielleicht auch schon gehört, Sie seien immer so still, Sie seien möglicherweise nicht an der Gesellschaft interessiert. Wenn Sie dazugehören wollten, müssten Sie sich selbst mehr integrieren, müssten mehr auf andere zugehen, müssten offener werden. So etwas setzt sensible Menschen schnell unter Druck, sie gelten als schüchtern.

Erwartungen von außen, die besagen, dass man sich bitte ändern soll, sind Erwartungen, die jeder Hochsensible fürchtet.

Es geht darum, sich diesem Erwartungsdruck zu entziehen, indem man akzeptiert, dass man diese Pausen braucht und auch eine andere Interessensrichtung als andere hat. Diese gilt es zu fördern, anstatt sich immer nur nach anderen zu richten. Wenn Sie Ihren Interessen konsequenter nachgehen, werden Sie Gleichgesinnte finden, in deren Gesellschaft Sie das Problem weniger haben werden.

Sensible Menschen glauben zudem, sie seien nicht fähig für Smalltalk oder zu allgemein gehaltenen Unterhaltungen. Da dies aber ein Bestandteil des alltäglichen Lebens ist, ist es nicht verkehrt, sich einmal den zweiten Teil meines Buches anzusehen, in dem ich erkläre, wie auch Sensible lernen können, sich unverfänglich und frei zu unterhalten.

Du bist mir zu anstrengend!

Hochsensible beklagen, dass ihre Gespräche mit weniger sensiblen Menschen oftmals unbefriedigend seien, weil ihnen der Sinn in manchen Diskussionen fehle oder es über das Oberflächliche nicht hinausginge.

Von der anderen Seite kommt allerdings das Feedback: Kein Interesse. Dies ist aber lediglich ein anderer Ausdruck für eine Bitte: Fordere mich nicht mehr, als ich aufzunehmen bereit bin.

Die Gedanken Sensibler finden sich zu einem Austausch zusammen, der sich anfühlt wie eine Konferenz mit hundert Teilnehmern. Alle haben eine andere Meinung, jeder hat einen Standpunkt und vor allem wollen alle etwas sagen. Haben wir also ein starkes Thema gefunden, zu dem wir Bücher sprechen könnten, kann es passieren, dass es mit uns durchgeht. Wir bemerken nicht, dass wir unser Gegenüber damit überfordern. Die Gesprächspartner sagen zwar, wir sollten mal langsamer machen oder Luft holen, die weniger Geübten zeigen einfach Desinteresse, wenden sich ab, fallen ins Wort oder fangen ein anderes Thema an.

Den Sprechenden stößt das deutlich vor den Kopf und er bekommt das Gefühl, man interessiere sich nur für den eigenen Kram. Die Folge ist dann wiederum Einsamkeit, weil der Eindruck entsteht, man habe mit den anderen keine gemeinsame Wellenlänge.

Wer diese Erfahrung schon gemacht hat, wird sich mehrmals überlegen, was und wie viel er anderen erzählt. Das ist auf der einen Seite sehr frustrierend, auf der anderen Seite möchte man aber natürlich auch Anschluss finden.

Hier kann es hilfreich sein abzuwägen, auf welcher Intensität dieser Kontakt besteht. Sensible Menschen wünschen sich, sich uneingeschränkt öffnen zu dürfen. Wenn dieses Bedürfnis nicht erfüllt wird, kann Enttäuschung eintreten, die dazu führen kann, dass anderen grundsätzliches Desinteresse unterstellt oder die eigene Kompatibilität mit der Gesellschaft infrage gestellt wird.

Menschen sind unterschiedlich aufnahmefähig. Sie sollten deshalb darauf achten, andere Menschen nicht zu sehr zu fordern. Die meisten sind ja nicht mal darauf vorbereitet. Sie wissen nicht, was in uns vorgeht, und daher können wir nicht erwarten, dass man uns uneingeschränkt zuhört. Demgegenüber steht das Argument, dass aber jeder, der ein Problem hat, sich bei uns ausweinen könnte, weil wir ja auch zuhören. Hier ist es aber so, dass ein sensibler Mensch von sich aus sofort erkennt, wenn er helfen kann und sollte und es keiner weiteren Aufforderung bedarf. Zudem besteht ein Unterschied darin, ob man sich in einer emotional bewegten Situation befindet oder lediglich Smalltalk führen möchte.

Auch wir müssen dann also abschätzen, wie zugänglich unser Gegenüber ist. Dann wird man erkennen, dass meistens nur für Smalltalk Platz ist. Das ist für Hochsensible dann sehr unbefriedigend.

Wenn man seine stürmischen Gedanken und Gefühle kanalisieren möchte, dann sollte man sich auf jeden Fall Wege dafür suchen. Viele gehen dann ins Künstlerische, schreiben Tagebuch oder tauschen sich mit anderen Betroffenen aus.

Mir hat es geholfen, systematisch zu überlegen, wie ich meine vielfältige Gedankenwelt für andere nutzbar machen kann. Ich bin auf die grundsätzliche Idee gekommen, dass alles einen Grund oder eine Funktion hat, derer wir uns nur nicht immer bewusst sind. Wenn wir etwas in uns tragen, was uns so sehr beschäftigt, dann hat das einen Sinn, es ist für irgendetwas gut! Lassen Sie es raus!

Wenn Sie also ein Thema haben, das Sie brennend interessiert und über das Sie sich mitteilen möchten, kann ich Ihnen nur empfehlen, sich so viel Hintergrundwissen wie möglich darüber anzueignen und sich Wege zu suchen, dieses Interesse auszuleben. Möglichkeiten wären zum Beispiel ehrenamtliche Tätigkeiten in Vereinen, in Gesprächskreisen oder bei Seminaren andere Menschen mit Ihrem Wissen zu bereichern, eine Webseite mit diesem Inhalt zu füllen, ein Forum aufzubauen, Bücher zu schreiben, sich einer passenden Zeitung als Contentlieferant anzubieten und vieles mehr. Sie haben dadurch nicht nur den Vorteil, ihrem inneren Drang nach Weiterentwicklung nachzugeben, sondern auch noch zum Experten auf diesem Gebiet zu werden. So hat es schon mancher geschafft, sein Hobby zum Beruf zu machen.

Für die Berufswahl kann es sehr hilfreich sein, wenn sie sich überlegen, welche Branche Ihr Fachwissen gut verwerten könnte. Kombinieren Sie dann dieses Fachwissen mit einem Lehrgang, einem Studium oder einer Ausbildung, und vielleicht haben sie sogar die Möglichkeit, als Selbstständiger oder Freiberufler tätig zu sein.

Suchen Sie sich Treffen und Veranstaltungen, die Sie geistig fordern. Abonnieren Sie anspruchsvolle Zeitschriften und füttern Sie Ihren Kopf!

Die Menschen sind halt so!

Was habe ich mir früher den Kopf darüber zerbrochen, warum die Welt so ist, wie sie ist. Ich habe nicht verstanden, warum Menschen kalt und ignorant mit anderen umgehen und sich ganze Gesellschaften bisweilen selbst bekämpfen.

Noch weniger habe ich allerdings verstanden, warum man mir gesagt hat, ich solle das einfach so hinnehmen, die Menschen seien nun mal so. Wie kann man denn so gleichgültig durchs Leben laufen?

Ich habe akzeptiert, dass jeder Mensch für sich selbst verantwortlich ist, auch wenn ich meine, mich für ihn fremdschämen oder ihn belehren zu müssen. Solange kein Dritter zu Schaden kommt, sollte man den Unbelehrbaren sich selbst überlassen.

Umso schlimmer sind dann die alltäglichen Geschehnisse, Bilder und Nachrichten, die uns Hochsensible erreichen.

Wie kann es sein, dass sich jemand dazu bereit erklärt, andere Menschen zu töten? Wer hilft diesem weinenden Kind dort im Fernsehen, das durch Krieg seine Eltern verloren hat? Warum nutzen Politiker und gesellschaftliche Funktionäre ihre Macht aus und scheffeln sich die Taschen mit Geld, Ruhm und Ehre voll, während sich die Mittellosen im gleichen Moment über eine Leerguttonne beugen?

Um es auf den Punkt zu bringen: Geld regiert die Welt, und das geht für das sensible Fairnessverständnis zu

weit. Aber es braucht nicht einmal bedrückende Nachrichten, um mich in einen Abgrund voller Fassungs-
losigkeit zu stürzen, dazu reicht es schon, wenn sich
Trutchen einfach in den Eingang vom Supermarkt
platziert, direkt vor mir also stehenbleibt, um genau
JETZT erst zu überlegen, wo sie ihr Fahrrad abgestellt
hat.

Du bist so negativ!

Die Party war ziemlich einsam. Über fünfzig Leute. Die kannte ich alle gar nicht. Die Musik war zu laut. Das Essen roch stark von der Küche her. Zu viele Stimmen, zu viele Gesichter. Ich habe mich nicht wohlgefühlt. Das ist nicht mein Ding.

Der Chef hat sie auf den fehlerhaften Bericht angesprochen und gesagt, das kenne er so ja gar nicht von ihr. Der Eindruck, nicht zu genügen, bedrückte sie.

In der Kantine hat er das Gesicht verzogen, weil die Kollegin neben ihm mit der Gabel auf dem Teller rumgekratzt hat. Sie konnte nicht verstehen, dass er dieses Geräusch so fies fand.

Bei ihrem Freund hat sie über das Bassgedonner aus dem vorbeifahrenden Auto, welches sie erschreckt hatte, gemeckert.

Im Supermarkt ist ihr dieser Typ so unangenehm auf die Pelle gerückt, dass sie davon schlechte Laune bekam.

Warum stört sensible Menschen all das?

„Du bist immer so negativ."

Kennen Sie das? Ich auch.

Wie wird man's los?

1. Trennen. Der Typ im Supermarkt hatte einfach nur keinen Anstand, dafür können Sie nichts. Drehen Sie sich das nächste Mal einfach um und kucken Sie dem Nerver direkt und böse in die Augen. Wenn das nicht klappt und Sie schlagfertig sind, fragen Sie, ob bei ihm soweit alles in Ordnung sei oder vielleicht ein Passbild

von Ihnen haben möchte, damit er sich nicht so aufdrängelt. Anschließend den Ärger für 5 Sekunden auskosten und ihm dann konsequent verbieten, sich auch noch aufzudrängen.

2. So Sachen wie die in der Kantine mit Humor äußern. Lächeln Sie dabei, das wirkt sympathisch: „So ein Quietschen macht mir Zahnschmerzen. Kennen Sie das noch von früher aus der Schule, wenn der Lehrer mit der Kreide über die Tafel kratzte? Grrrrr".

3. Menschen mit tierisch lauter Musik im Auto, in der U-Bahn, im Bus oder in sonstiger Öffentlichkeit registrieren oft gar nicht, wie laut das nach außen ist. Manche freuen sich über ein wenig Aufmerksamkeit, andere wollen ihren Frust damit loswerden oder haben sonst irgendeinen Grund, sich vollzudröhnen. Gönnen Sie diesen Menschen ihre Entspannung, es kommt ja nicht alle 5 Minuten vor.

4. Vergessen Sie das Märchen vom Zusammenhalt der anderen. Seien Sie realistisch: In allen Familien-, Freundes- und Kollegenkreisen gibt es mindestens ein schwarzes Schaf, das ständig allen den Tag versaut. Was oberflächlich so heiteitei aussieht, ist nicht immer so toll. Viele Menschen sind einfach nur höflich und reden miteinander, obwohl sie sich hassen wie die Pest. Wenn Sie sich nicht anbiedern, machen Sie es besser. Heuchelei ist keine erstrebenswerte Tätigkeit.

5. Wenn Sie kritisiert werden, übertragen Sie das bitte

nicht auf sich als ganze Person. Vielleicht haben Sie irgendwo mal etwas vergessen und man spricht Sie darauf an. Dann sind Sie aber nicht völlig unbrauchbar! Dann geht es nur um die eine Sache – und Fehler machen alle! Denken Sie daran, wie schnell Sie sich eventuell über andere Menschen aufregen. Sie würden bestimmt auch nicht wollen, dass man so hart mit Ihnen ins Gericht geht. Seien Sie also nicht ganz so streng mit sich.

6. Zuguterletzt fällt Ihnen das alles auf, weil Sie in der Lage sind, es wahrzunehmen. Mir hat es oft geholfen, genau das eben nicht zu werten. Es ist halt so. Meine Grübelei fängt erst dann an, wenn ich mich davon beeinflussen lasse, die Situation zu werten beginne („der Typ im Auto muss ja wohl taub sein"). Dann verselbstständigen sich meine Gedanken und die Spirale nimmt ihren Dreh auf. Ich sage mir dann, bevor dies überhaupt passieren kann, ganz klar: „Laute Musik – OK." Mehr nicht.

Zerbrich Dir nicht den Kopf der anderen!

Der nette Kollege aus der Auftragsannahme musste letzte Woche gehen. Er hat zwei Kinder und eine kranke Frau. Was soll jetzt aus ihnen werden?

Lebenssituationen anderer Menschen können für Sensible eine emotionale Belastung darstellen. Bis ins kleinste Detail pflücken sie die Gründe und Folgen auseinander, malen sich bildlich die Folgen aus. Das Kopfkino arbeitet auf Hochtouren, man verspürt eventuell den Drang danach zu helfen oder macht sich Gedanken zu den Kollegen, die die Arbeit des Gekündigten nun mit übernehmen müssen. Noch mehr Überstunden. Wie schaffen die das bloß?

Das kann dazu führen, dass man sich berufen fühlt, einzugreifen und sich unterstützend anzubieten.

Wenn ein Hochsensibler mit eingebunden wird, übernimmt er in seiner Anforderung an sich selbst so viel Verantwortung wie möglich. Manchmal geht das dann soweit, dass er selbst ausgelaugt ist, ständig gestresst, ausgebrannt. Sie nehmen lieber stillschweigend Erledigungen auf sich, bei denen sie sich nicht unbedingt wohlfühlen, bevor sie es an andere delegieren.

Etwas abzugeben ist nicht ganz einfach, aber Sie haben auch noch ein eigenes Leben! Die eigene Fürsorglichkeit ist zwar lobenswert, aber wenn Sie merken, dass man Sie ausnutzt, sollten Sie das konsequent einstellen.

Du bist zu naiv!

Ich war auch mal so. Ich saß von morgens um sieben bis abends um neun im Büro und habe meinem damaligen Arbeitgeber zur Marktführerschaft verholfen. Ich war ständig auf den Autobahnen in ganz Deutschland unterwegs, fuhr an einem extrem winterlichen Tag von Mönchengladbach nach Hannover, dann nach Braunschweig und wieder zurück ins Rheinland.

Für einen Hungerlohn, den der Chef auch nicht bereit war, wenigstens einmal zu verbessern. Man hat mich ausgenutzt. Aber ich war getrieben von der Überzeugung, je mehr ich meine Kompetenz und meine Fähigkeit unter Beweis stelle, umso eher werde ich aufsteigen. Ich müsse mich nur genug anstrengen. Pustekuchen.

Als ich erst ein Jahr später ging, musste ich mich dazu zwingen, gleichgültig über dieses Unternehmen zu denken. Ein weiteres Jahr war es dann als Marktführer kein Thema mehr.

Sensible geben erst auf, wenn körperlich oder mental gar nichts mehr geht.

Spitzen wir die Situation zu: Sie ackern sich also dumm und dämlich, weil Sie sich entweder nicht trauen, zu kündigen oder beim Chef Ihr Recht auf bessere Zustände oder eine andere Position einzufordern in der Hoffnung, dass dieser Ihre Leistug schon von sich aunsprechen wird. Was passiert? Sie werden immer unzufriedener, machen mehr Fehler, ziehen sich zurück.

Es gab Untersuchungen zur Honorierung der Leistungen schüchterner Menschen. Tendenziell werden sie schlechter bezahlt und nicht entsprechend ihrer Fähigkeiten eingesetzt. Ich gehe davon aus, das liegt daran, dass man sich selten traut, schon beim Einstellungsgespräch Forderungen zu stellen. Nicht umsonst gibt es Literatur zu dem Thema, wie man in Gehaltsverhandlungen selbstbewusster auftritt.

Schüchterne ArbeitnehmerInnen werden nicht selten als introvertiert, nicht teamfähig oder sonst wie missverstanden.

Wie machen wir uns dann selbst bewusst, was wir eigentlich leisten? Beobachten Sie sich einmal. Sie hängen mit Sicherheit nicht den lieben langen Tag vor der Glotze und lassen sich freiwillig mit Verblödungssendungen berieseln. Sie machen die meiste Zeit etwas, das Sinn für Sie macht.

Sammeln Sie das. Schreiben Sie eine Liste mit dem, was Sie so tun. Irgendwann werden Sie Ihre Interessensspitzen erkennen, das, was Ihnen gut tut. Sie wissen, womit Sie Zeit verplempern und erkennen bestimmt auch das eine oder andere, was an Abläufen besser gemacht werden könnte.

Schreiben Sie als Überschrift, warum Sie diese Liste anfertigen, etwa: „Diese wertvollen Tätigkeiten leiste ICH!" oder ähnliches. Hauptsache, Ihnen wird klar, dass Sie sich unterschätzen.

Wenn Sie Ihre Liste dann in Tätigkeiten unterteilen, die Sie am liebsten machen, dann werden Sie Schwerpunkte herausstellen, mit denen Sie arbeiten könnten.

Es ist daher besser, sich klarzumachen, warum man diesen Job übernommen hat. Mache ich ihn, weil ich der Meinung bin, dass er meine Fähigkeiten gut fordert und fördert, ich daneben aber auch meinen Bedürfnissen nach Ruhe und Regeneration nachkommen kann? Kann ich in diesem Beruf gleichmäßig gefordert und entspannt und damit produktiv arbeiten und werden meine Leistungen anerkannt oder unter den Teppich gekehrt? Oder mache ich diese Tätigkeit aus Verantwortung meines ohnehin schon überarbeiteten Kollegiums oder des zu unterstützenden Unternehmens etc. heraus?

Du hast eine lebhafte Phantasie!

Haben Sie schon einmal versucht, jemandem zu erklären, warum Sie über das Weltall nachdenken? Oder über Ihre Existenz und Ihren Sinn auf dieser Erde?

Diese Gedankenverläufe sorgen in unserem Kopf für die komplexesten Gebilde. Für uns sind die inneren Welten nachvollziehbar, aber sie auszusprechen, ist über alle Maßen schwierig. Sensible Menschen bedienen sich daher gern einer bildhaften Sprache, um das zu verdeutlichen, was in ihnen vorgeht. Da kann man dann schon einmal das schöne Kompliment bekommen, man habe eine lebhafte Phantasie.

Ja, es ist ein Kompliment, kein Vorwurf, selbst wenn beabsichtigt ist, Sie damit aufzuziehen.

Oder wären Sie gern ein phantasieloser Mensch? Sehen Sie. Für uns wäre es doch verschenkte Lebenszeit, wenn es nicht irgendeine schöne, innere Welt zu erschaffen gäbe, aus der wir unendlich viel Kraft schöpfen. Einige lassen andere Menschen dann in Form von Gedichten oder anderen literarischen Werken oder künstlerischer Art daran teilhaben.

Ich persönlich liebe es. Ich liebe es, vor einem Bild zu stehen, das mich innerlich bewegt. Ich könnte stundenlang darauf starren und würde es kaufen, auch wenn es richtig teuer wäre, nur um jeden Tag diese inneren Strömungen zu spüren.

Wenn man mich dann aber danach fragt, was ich an diesem Bild denn so toll finde, kommt immer ein

Erklärungsversuch, etwas hemdsärmelig vielleicht, aber passend: Ich beschreibe selbst ein Bild, von dem ich sicher bin, dass mein Zuhörer dabei genauso empfindet wie ich: „Dieses Bild fühlt sich an, als würde ich vor unserem warmen Kamin sitzen und die Wärme legt sich dabei auf mein Gesicht, meinen Hals, meine Brust, meinen Bauch." Dass man dafür Phantasie braucht, ist klar.

Über 80 Prozent aller Hochsensiblen erleben ihre inneren Welten als sehr vielfältig und bereichernd, als bunt, chaotisch und fröhlich.

Sie nehmen wahr, dass sie jede Stimmung und jede Emotion in tausende feiner Nuancen unterteilen können. Ist das nicht fantastisch?

Ich habe das für mich nutzbar gemacht, indem ich Bilder, Telefonnummern, Geburtsdaten, Namen und Personen und so vieles mehr, was ich mir merken wollte, mit einer inneren Stimmung verknüpft habe. Klappt prima. Meistens drängt sich diese Stimmung schon von selbst auf, wenn ich beispielsweise eine Zahl höre.

Wenn man das umkehrt, können wunderbare Geschichten und Bilder entstehen. Was soll mein Leser, der meinen Roman gekauft hat, fühlen? Was möchte ich, das er empfindet? Soll mein Roman den Leser traurig stimmen oder nachdenklich? Soll er ihn auffordern oder Fröhlichkeit auslösen? Danach entwickle ich dann die dazu passenden Figuren, die

Namen und die Handlungen.

Ich gebe Ihnen ein Beispiel: Nehmen wir an, Sie wollen einen Krimi schreiben. Eine Geschichte lebt von ihren Figuren, wie also sollten dann die Charaktere sein? Sehr wahrscheinlich verschroben, geheimnisvoll, intelligent und so weiter, vielleicht auch ein paar ausgefallene Typen. Wichtig ist letztendlich die Wirkung, die Sie erreichen wollen. Wenn Sie sich fühlen können, wie der Leser sich fühlen soll, während er Ihr Buch liest, schreiben Sie automatisch in die richtige Richtung.

Im Alltag beschreibe ich so, wie ich mich in bestimmten Situationen fühle. Das nimmt mir oft den emotionalen Druck, wenn ich angespannt oder gestresst bin. Es braucht etwas Übung, aber versuchen Sie es ein paar Mal. Sie werden erstaunt sein, wie gut man plötzlich Ihre Stimmung nachempfinden kann, selbst, wenn Sie nur sagen: „Ich fühle mich heute, als wäre Sommer."

Du denkst zu kompliziert!

Die Fähigkeit, sehr komplexe Konstrukte nachvollziehen zu können, endet oft im Kommentar, man denke zuviel und zu kompliziert.
Ich habe ja schon erklärt, dass diese Bewertung schlicht falsch ist. Es gibt kein ZU viel oder ZU wenig, denn wer bestimmt dies?
Denn ansonsten müssten Sie ja sagen dürfen: „Du denkst zu flach." Kann man auch nicht bewerten.
Was der Mensch damit eigentlich meint, ist: Es geht auch auf einem Weg, nicht auf hunderten, man soll sich das Leben nicht unnötig schwer machen. Wobei ich es persönlich besser finde, flexibel im Hirn zu bleiben, denn wer weiß, ob man nicht nachher noch was verschenkt, weil man die eine perfekte Lösung nicht bedacht hat?
Die einfachen Gemüter mögen vielleicht ruhig schlafen können, aber im Schlaf versorgen sich mein Magen und mein Geist leider nicht von alleine.
Laterales Denken befähigt dazu, innerhalb kürzester Zeit behandelte Themen und ihre Eventualitäten zu bewerten, zu ordnen und voneinander in ihrer Wichtigkeit, Wahrheit etc. zu unterscheiden und sie anschließend als Grundlage der eigenen Meinung zu verwenden. Das gesprochene Ergebnis verblüfft häufig das Gegenüber hinsichtlich der vielfältigen, eigenen Auslegung.
Das ist die Basis für die interessantesten, dynamischsten und gehaltvollsten Diskussionen für Menschen. Aber

finden Sie mal jemanden, dem das nicht zu anstrengend ist, sich überhaupt schon auf eine dritte, vierte, fünfte Ebene einzulassen. Mit Ebenen meine ich die Durchläufe derInfragestellungen. Bis man eine wirklich für sich vertretbare Antwort gefunden hat, muss man immer wieder die verschiedenen, neuen Erkenntnisse auf ihre Qualität hin überprüfen und alles hinterfragen, was nicht niet- und nagelfest ist.

Hochsensible lieben es, sich wie ein Hund auf ihr Lieblingsspielzeug Diskussion zu werfen und es genüsslich in alle möglichen Richtungen zu kata-pultieren, in freudiger Erwartung darauf, wo das Ganze als Nächstes landet.

Sie sollten hochkomplexe, fordernde Bücher von intelligenten, kritischen Autoren lesen.

Sie können Ihre hohe Denkleistung bestens mit Ihrer Wissbegier kombinieren, und so mancher Heran-wachsender macht dann den alten, eingefahrenen, selbstüberzeugten Hasen noch was vor. Der kleine Klugscheißer. Das ist aber leider nur die eine Seite der Medaille.

Ein schlichtes „Wie geht's Dir" kann nicht einfach so beantwortet werden. Einfach „gut" wäre nicht aus-reichend. Mehr wollen die meisten aber gar nicht wissen. Ich sage dann einfach etwas, das damit überhaupt nichts zu tun hat, bevor ich mich dazu hinreißen lasse, mich in ellenlangen Reden zu ergehen: „Den schlechtesten

Menschen geht's immer bestens."

Es mit Humor zu nehmen, ist die einfachste Variante, damit umzugehen. Was Sie daraus machen können, wissen Sie ja jetzt.

Du Besserwisser!

Wenn wir nach feinster Beobachtung, genauer Analyse und der Auswahl der richtigen Worte dann stolz darauf sind, alles in einen Satz gepackt zu haben, ist die nicht seltene Reaktion darauf, dass wir immer so tun würden, als wüssten wir alles. Man sei so altklug. Das liegt schlicht daran, dass aus allen Gedanken das Beste in einen Satz gepresst wird. Dieser Satz bringt es dann auf den Punkt.

Nun ja, oft wissen kritische Menschen tatsächlich, was anders gemacht werden sollte, um ein besseres Ergebnis zu erreichen. Aber das ist selten gefragt, denn man untergräbt damit die Kompetenz seines Gegenübers, sofern es den beruflichen Bereich betrifft. Privat will der Mensch ungern Kontakt zu jemandem haben, der scheinbar immer nur „kritisiert".

Ja, ich weiß, es ist zum Mäusemelken, aber auch mit diesem Vorwurf kann man entspannt umgehen.

Gerade Kinder sehen sich hin und wieder dieser unverständlichen

Aussage gegenüber, meist von neidischen Mitschülern ausgesprochen. Der unverstellte Blick von Kindern auf die Dinge, wie sie wirklich sind, gibt ihnen die Gewissheit, das Richtige zu sehen und zu sagen. Umso schlimmer, wenn sie dann das Gefühl bekommen, dass das alles gar nicht stimmt und dass ihre Hinweise von übergeordneter Stelle boykottiert werden. Da zweifelt ein Mensch schon mal an sich und der Welt.

Es nutzt aber nichts, Menschen zu ihrem Glück zwingen zu wollen. Ein solches Einfühlen und die Äußerung dessen, wie man einen Menschen und Systeme wahrnimmt und was an Reibungspunkten erkannt wurde, kann und wird fast immer nach hinten losgehen. Auch bei unemotionalen Dingen wie einem bevorstehenden Produktkauf oder einem simplen Quiz im TV werfe ich möglichst nicht mehr mit meinem Hintergrundwissen um mich. Das macht zwar nur halb so viel Spaß, aber wenn ich mir die Freude gebe, damit herauszuplatzen und dann zu hören bekomme, ich sei ein Klugscheißer, habe ich auch nur die Hälfte davon.

Menschen fühlen sich von einem klugen Kopf, der "sich nicht ganz unter Kontrolle" hat, unter Leistungsdruck gesetzt. Sie selbst wollen nämlich niemals das Gefühl bekommen, da ist jemand, der denkt schneller, höher, weiter als ich.

Zwingen Sie niemanden dazu, sich unbedingt Ihre Meinung wenigstens anzuhören, das gibt nur Frust für Sie. Das Bedürfnis, andere Menschen in dieser Hinsicht „erziehen" zu wollen, dass sie andere Meinungen berucksichtigen, resultiert aus der Differenzierungsfähigkeit von Hochsensiblen. Ein sensibler Mensch kann platte Vorurteile oder nicht überdachte Meinungen nur schwer so stehen lassen. Das ist ja auch nicht verkehrt, allerdings muss man akzeptieren, dass Menschen, die nur eine festgefahrene Ansicht verfolgen, auch nicht dazu fähig sind, die Dinge von mehreren Seiten zu betrachten. Eine Missionierung diesbezüglich ist vergebene Liebesmühe.

Du willst doch gar nicht dazugehören!

Einer der meistgehörten Vorwürfe ist, ich könne keinen Spaß auf Feiern haben und wäre daher Schuld daran, dass sich der Freundeskreis entferne. Und das nur, weil ich nicht stundenlang dasaß, ein Bier nach dem anderen soff und schlussendlich die oberflächlichen Konversationen für Zeitverschwendung hielt.

Sensible Menschen wünschen sich Kontakt zu anderen sehr, sehen sich aber sofort wieder unter Druck gesetzt, bestimmten Erwartungen genügen zu müssen, denn Fakt ist, dass gilt, was die Mehrheit festlegt. Und die bevorzugt nunmal lockere, unverkrampfte, gesellige, natürliche, unterhaltsame Menschen und dem hat man gerecht zu werden. So empfindet das so mancher Hochsensible und fragt sich, wie er es überhaupt anderen noch recht machen kann, ja, ob es nur noch die Vorstellung anderer gäbe, wie es denn zu sein habe.

Dieser Stress ist, das können Sie mir glauben, hausgemacht. Ein eingefahrenes Denkmuster. Glücklicherweise also etwas, was man selbst ändern kann.

Natürlich finden sich oberflächliche Menschen leichter zusammen, aber auch nur, weil sie voreinander nichts zu befürchten haben. Oberflächliche Menschen sind berechenbar. Sie als sensibler Mensch strahlen aber schon ungewollt eine Tiefe aus, die anderen unheimlich ist.

Sensible haben sich jedoch bereits so an den Gedanken gewöhnt, anders zu sein, nicht dazu zu gehören, dass sie schon bei der Begrüßung an sich selbst scheitern. Ein Sensibler trifft andere Menschen, um ein paar gemeinsame Stunden zu verbringen. Er weiß schon zu Beginn, dass man Erwartungen an ihn hat. Er verkrampft sich, und das spüren die anderen, sie können aber nicht genau beziffern, was los ist und ziehen sich in die Beobachterrolle zurück. Aha, denkt sich der Sensible. Wusste ich's doch, ich kann mich nicht integrieren, weil einfach anders bin, als die anderen, und deswegen werde ich ausgegrenzt. Die fiese, sich selbst erfüllende Prophezeiung.

Hinzu kommen äußere Einflüsse, die ein Gespräch nicht unbedingt fördern: Ablenkendes Umherlaufen anderer Menschen, laute Hintergrundmusik, Türenschlagen und vieles mehr.

Eine extrem laute Geräuschkulisse bereitet manchen Sensiblen sogar Angstzustände. Ich persönlich kann mich in Kinosälen nur schwer wohlfühlen, obwohl ich Kinos an sich sehr gerne mag.

Vielleicht kommen Sie besser damit klar, einmal in der Woche höchstens ein Pärchen zu Besuch zu haben, dann können Sie sich besser auf die Menschen konzentrieren. Größere Veranstaltungen meide ich oder habe mindestens ein paar Ohrstöpsel dabei. Das wirkt mindestens so merkwürdig wie die Erklärung, man könne Lautstärke nicht verkraften, aber damit müssen und können Sie leben, wenn Sie einmal festgestellt haben, welch wunderbare Wohltat Ohropax für Ihre Gehörgänge ist! Die erhöhte Wahrnehmungsfähigkeit erreicht bei für Normalsensiblen langweiligen Dezibel schon ihre Grenzen, laute Konzerte können die totale Zumutung bedeuten.

Klassenfahrten und das ganze tagelange Aufein- andergehocke bei Seminaren, Hochzeiten in entfernten Regionen, auf langen Reisen und wo immer Sie sonst noch Menschenmassen aushalten müssen, sind für sensible Menschen mit Rückzugstendenz reine Stra- pazen.

Sie müssen auch nicht noch mit auf ein Getränk in die Stadt, wenn Sie eben erst nach Hause gekommen sind und sich dazu nicht mehr in der Lage fühlen. Wenn Sie dann allein im Bett liegen und sich selbst die Schuld dafür geben, zum Außenseiter zu werden, denken Sie bitte daran, dass Sie das einzig Richtige getan haben: Ihren Körper und Ihr Gemüt zu schonen und sich Ruhe zu gönnen. Schuldgefühle kriegt man mit einem rigorosen Kopf gut in den Griff. Weisen Sie also Ihr inneres Teufelchen in die Schranken und pflegen Sie sich. Das ist allemal besser, als sich müde mit- zuschleppen und sich danach auch wieder zu ärgern, dass man nicht auf sich gehört und geachtet hat. Sie können sich bewusst an anderer Stelle für Aktivität entscheiden, bei der Sie sich dann so richtig austoben. Das stellt das innere Gleichgewicht wieder her und gibt ein gutes

Gefühl, doch etwas getan zu haben.

Wenn Sie dazu neigen, sich zuviel zu übergehen, könnten Sie jemand Verständnisvolles bitten, Sie vor Ihrer Entscheidung zu fragen, ob eine weitere Teilnahme am selben Tag für Sie noch OK ist. Denn dann MÜSSEN Sie sich mit sich auseinander setzen, denn Sie können dann nicht mitgehen und jammern.

Versuchen Sie aber auch, auf andere zuzugehen und Ihre Bedürfnisse mit denen der anderen zu kombinieren. Kann man etwas unternehmen, das nicht mit lauten Geräuschen und hektischer Aktivität verbunden ist?

Suche Sie sich Aktivitäten, die ihre Akkus wieder aufladen und die trotzdem nicht zu Hause stattfinden müssen, und seien sie noch so klein.

Und haben Sie kein Problem damit, wenige, aber dafür ausgewählte Freunde zu haben. Klasse statt Masse. Die Quantität können Sie anderen überlassen.

Du nimmst dich viel zu ernst!

Sie diskutieren in großer Runde. Sie sind der oder die Einzige mit Ihrer Meinung und alle anderen sagen, Ihre Ansicht sei Quatsch. Sie werden ernst, verteidigen, erklären.

Die Intensität dieses Austauschs jedoch sorgt dafür, dass es auf andere etwas übertrieben wirkt.

Sie haben selbst nicht gemerkt, wie Sie sich warm geredet haben. Das wirkt auf Ihre Umwelt etwas verbissen. Sie sind aber nicht engstirnig und Sie überbewerten Ihre Meinung auch nicht! Sie kümmern sich, Sie schauen über Ihren Tellerrand hinaus, und das liefert Ihnen jede Menge Stoff, der gute Diskussionen am Leben erhält.

Und in diesem Zusammenhang möchte ich Ihnen meine Nr. 1 der idiotischsten Ratschläge überhaupt nicht vorenthalten:

"Du musst mal ein bisschen ruhiger werden, Dich einfach mal zurückhalten. Mach einfach nur Deinen Job und kümmere Dich nicht darum, was drumherum passiert, sonst kommst Du irgendwann in arge Schwierigkeiten."

Ja, das ist die Realität.

Ändern Sie nichts an Ihrer Intensität, sie ist großartig! Jedoch sollten Sie mehr Spielraum geben, auch zwischendurch das Lächeln nicht vergessen. Sprechen Sie lieber einen statt dreißig Sätze und lassen Sie auch was hinten runter fallen. Wenn andere nicht das Gefühl haben, zu Wort kommen zu dürfen, werden Sie Ihnen nicht mehr zuhören.

Dich stört doch die Fliege an der Wand!

Schon als Kind fand ich diese laut heulenden Sirenen bei uns im Dorf ganz, ganz schrecklich. Wenn ein Zug in den Bahnhof einfuhr und bremste, war ich die Einzige, die sich die Ohren zuhielt!

Als ich mit einem früheren Freund eine Wohnung bezogen hatte, maulte ich nuschelnd darüber, dass der Kühlschrank mich irre macht. „Kühlschrank? Ich hör´ nix." Das freute mich für ihn. Ich habe tatsächlich einen neuen gekauft.

Sie betreten einen Raum und das erste, was Sie sagen: „Dreh doch bitte den Fernseher leiser." Antwort: „Das ist doch gar nicht laut!"

Für mich waren diese Dinge als Kind normal. Ich war davon überzeugt, dass auch andere diese Geräusche so wahrnehmen wie ich, bis zu dem Zeitpunkt mit dem Zug.

Von da an beschlich mich das Gefühl, irgendwie empfindlich auf Lautstärke zu reagieren. Später stellte ich fest, dass viele Menschen, wenn sie durch ihre Wohnung gehen, dumpf und hart mit den Fersen auf den Boden aufschlagen. Das hat regelmäßig zu Knatsch mit anderen Mietern geführt. Dabei war ich immer davon überzeugt, dass es ein Ding der Unmöglichkeit sei, andere so zu traktieren, man müsse doch merken, welchen Krach man mache.

Als es mir dann ein paar Jahre später endlich einmal dämmerte, dass genau DAS für diese Menschen normal war und ich sie mit einer für sie unverständlichen Sache konfrontierte, habe ich angefangen, meine Wahrnehmung von zwei Seiten zu betrachten.

Für den Lärmenden gibt es dann nichts Auffälliges an seinem Verhalten. Aber ich meckerte in seinen Augen an Kleinigkeiten herum.

Verstehen Sie, was hier passiert? MEINE Ansicht war für mich in Ordnung und SEINE Ansicht für IHN. Zwei verschiedene paar Schuhe, 80 Millionen in Deutschland. Wer kann da sagen, was normal ist, wenn es keine DIN-Norm dafür gibt?

Wenn der eine nun sagt, seine Sicht ist die allgemeingültige, dann setzt er voraus, dass es andere genauso sehen. Das Problem ist, dass jeder von uns nur EINE Sichtweise hat, aber keine 80 Millionen, denn dann könnten wir die anderen ja nachvollziehen und es gäbe kein Problem.

Seit dem ich das weiß, kann ich es in einem deutlich angenehmeren Temperament äußern. Zudem nehme ich vieles nicht mehr so persönlich, habe aber auch erkannt, dass ich in Schwarz-Weiß-Denken verfallen war. Denn es ist durchaus üblicher, auf Ruhe hinzuweisen, als ich das dachte.

Meine frühere Vermieterin beispielsweise hielt mich dazu an, die Türe leise anzuziehen, wenn ich morgens das Haus verließ. Auf Campingplätzen kennt man das auch, dass man schon bei der Buchung darauf aufmerksam gemacht wird, sich zu bestimmten Uhrzeiten ruhig zu verhalten. Auf Friedhöfen und in Kirchen spricht man gedämpft und leise. Wenn jemand schläft, tappst man auf Zehenspitzen durchs Haus.

So konnte ich den offiziellen Standard erfassen und akzeptieren, dass nicht mein Empfinden der Maßstab war, der allgemein galt, sondern es im Alltäglichen und in der Welt durchaus lauter zuging. Das war dann so und damit konnte ich leben.

Es gibt also das, wie es angenehm für Sie angenehm ist und das, was sich allgemein etabliert hat: Hart mit den Fersen aufzutreten, Türen laut zu schließen, mit lauter Musik im Auto zu fahren, die Hintergrundmusik im Supermarkt.

Das ist zwar für einen Sensiblen anstrengend, aber es ist Ihre eigene Wahrnehmung, die Sie anstrengt und nicht der fälschlicherweise unterstellte Störungswille anderer. Es gibt daher immer zwei mögliche Beobachtungsweisen:

Ich fühle mich gestört. Warum? Weil sich im Hausflur jemand laut unterhält und seine Stimme durch alle Räume hallt. Das ärgert mich sehr, kann dieser Mensch nicht mal Rücksicht nehmen?

Vielleicht weiß er gar nicht, wie sehr das hallt, bekommt es nicht mit und weiß wohl auch kaum, dass mich das tatsächlich stört.

Merken Sie, wie hier zwei Meinungen direkt aufeinander folgen? Sie könnten üben, sobald Sie sich ärgern, automatisch auf Ihren wahrgenommenen Ärger einen Satz des Verständnisses folgen zu lassen, sich selbst eine mögliche Erklärung zu geben und anschließend zu überlegen, wie man dafür sorgen kann, dass dieser Reiz gemindert wird. Das ist tatsächlich mit der Gewohnheit machbar. Sie werden sehen, wie viel entspannter das macht!

Am einfachsten gelang es mir, mir erst den Ärger stattzugeben und mir anschließend zu sagen, dass das Gegenüber auch nur ein Mensch ist und ich nicht erwarten kann, dass er sich perfekt verhält, denn er ist keine Maschine. Er weiß sicher gar nicht, dass mich so etwas extrem stört. Woher auch? Vielleicht fällt ihm nicht mal auf, dass er laut ist, passiert mir ja auch häufig, dass ich in meinem Eifer lauter spreche. Ich könnte ihn bei nächster Gelegenheit in ein Gespräch verwickeln, welches sich um dieses laute Hallen in diesem Treppenhaus dreht.

Wie oft kommt es denn vor, dass er im Treppenhaus steht und sich unterhält? Bisher nur ein, zwei Mal? Oder ist es alle zwei Tage zu einer für mich eher ruhigen Zeit?

Du bist nachtragend!

Es gab da etwas, das mich geärgert hat. Das mich verletzt hat. Das ich nicht verstanden habe. Stundenlang grübelte ich darüber nach, warum, wieso, weshalb, warum ich? Gefühle und die Erfahrung brannten sich in mir ein und bei der nächsten Gelegenheit waren sie wieder da. Anderes Thema, gleiche Situation. Dieselbe Enttäuschung, dieselben Gefühle, derselben Frust.

Das wirkt wie ein Verstärker. Nicht selten durfte ich mir dann anhören, ich sei nachtragend. Ich solle doch einsehen, dass sie nur Spaß machten. Das mochte ja so sein, half aber kein Stück weiter.

Wie kann man also eine Situation bewältigen, die nicht loslässt? Wie kann man damit abschließen, so dass sie sich nicht bei nächster Gelegenheit wieder aufdrängt und eine sachliche Diskussion unmöglich macht?

Vielleicht haben Sie festgestellt, dass Sie einige Zeit nach solch emotionalen Erlebnissen noch darüber nachdenken und bemerken, dass ihre Gefühle sehr aktiv sind. Vielleicht sind da noch Wut, Enttäuschung, aber auch sehr positive Gefühle können noch sehr lange nachhallen. Die positiven Erlebnisse können uns sehr lange sehr viel Kraft geben, wir zehren tage-, wochen- oder sogar monatelang von diesen Dingen.

Es gibt also auch hier wieder zwei Seiten.

Jedoch können die belastenden Gefühle so groß sein, dass Konflikte von vornherein vermieden werden. Kontakte werden abgebrochen, Zusammenkünften wird ausgewichen, Einladungen werden abgesagt. Das ist aber nicht zielführend.

Sie können sich einen bestimmten gedanklichen Ablauf antrainieren: Was will ich? Will ich jemanden überzeugen? Habe ich das Gefühl, er tut anderen Unrecht? Welches Ziel verfolge ich mit diesem Konflikt?

Wie ist der Standpunkt meines Gegenübers?

Wie sieht er das Ganze? Eher locker? Eher streng? Schwingen Emotionen in seinen Aussagen mit? Kann ich mich innerlich von diesen Emotionen distanzieren? Welche Lösung möchte ich?

Kann diese Lösung durch ein Kompromiss erreicht werden? Wie kann dieser Kompromiss aussehen?

So bewältigen Sie gemeinsam mit Ihrem Gesprächspartner den Konflikt und verarbeiten gleichzeitig ihre Emotionen. Es ist dann leichter, von dieser Sache loszulassen und es stellt sich eher Zufriedenheit ein, dass beide Seiten von dem Kompromiss profitieren.

Du hältst Dich an Kleinigkeiten auf!

Ich schaue gedankenverloren über die Felder, die an mir vorüberrasen. Da hinten vor dem Waldstück ziehen sich Nebelschwaden über das Gras, die Luft ist kühl, die Vögel zwitschern leise. Die Welt erwacht.

Ich liebe dieses Spiel mit den Details, liebe es, Stimmungen in mich aufzunehmen und ihnen nach-zuspüren.

Wenn ich jemandem davon erzähle, alle Einzelheiten ausführe, um zu versuchen, die Stimmung zu über-tragen, kann es passieren, dass ich dafür mehr als zwei Sätze brauche. Wo andere sagen: „Schönes Wetter, so frisch heute", sage ich: „ Alles ist so friedlich winterlich, die Luft wäre ideal zum Laufen oder für einen Spaziergang."

Die Aufnahme von Details ist ein Teil der Sensibilität, der unser Leben stark bereichert.

Genießen Sie das, kosten Sie das voll aus, verlieren Sie sich in Ihren Stimmungen und Emotionen, schöpfen Sie Kraft aus den inneren Bildern, und merken Sie sich die empfundene Stimmung. Versuchen Sie, einige Zeit später diese Stimmung wieder hervorzurufen, indem Sie sich wieder an die gesehenen Bilder erinnern.

Wiederholen Sie diese Übung jeden Tag und SUCHEN Sie sich die Dinge, die schöne Emotionen in Ihnen auslösen. Gewöhnen Sie sich das Nachspüren an und integrieren Sie es in Ihren Alltag wie das Zähneputzen. Vielleicht können Sie diese Emotionen ja auch zum

Ausdruck bringen, indem Sie Gedichte schreiben, Bilder malen, Fotografie erlernen, aber auch für ganz unromantische Berufe wie zum Beispiel Produkttester und im Qualitätsmanagement eignet sich die Fähigkeit, Details aufzunehmen, sehr gut. Sie können einschätzen, wie andere Menschen das Produkt wahrnehmen.

Die Möglichkeit, sämtliche Details einer Situation zu erfassen, liefert uns ein nahezu vollständiges Bild von dem, was gerade vor sich geht. Das hilft uns, Stimmungen anderer zu erfassen, ihre persönliche Einstellung von ihrem Verhalten, ihren Aussagen, ihrer Mimik, ihrer Gestik und ihrem gesamten Auftreten abzuleiten, aber auch schwierige Situationen, wie Probleme anderer zu lösen. Sensible Menschen gelten nicht selten als gute Zuhörer. Sie fragen da nach, wo es hakt und bringen so die Gedanken wieder in Fluss.

Lassen Sie sich also nicht davon beirren, wenn man zu Ihnen sagt, dass Sie sich mit zu vielen Kleinigkeiten aufhalten würden.

Du willst mit Samthandschuhen angefasst werden!

Bisher war es eher so, dass Menschen, die ihre Sensibilität erkannt haben, Schwierigkeiten hatten, sich zu erklären. Selbst wenn es nur darum ging, Ruhe für sich einzufordern, scheiterte es häufig daran, dass sich der Sensible Vorwürfen gegenübersah, egoistisch zu sein, nicht belastbar zu sein und in Watte gepackt werden zu wollen.

Das fühlt sich dann so an, als würde man vor eine Wand laufen, die Türe suchen, aber keine finden.

Es entstehen Fronten auf beiden Seiten. Die eine Seite will verstanden werden, will Rücksicht und Verständnis, die andere Seite versteht nicht, worum es geht, warum der andere so reagiert und was das überhaupt ist, diese Sensibilität.

Wenn Menschen etwas nicht kennen, dann greifen sie behelfsmäßig auf die für sie naheliegendsten Erklärungen zurück, die sie kennen. Neues macht unsicher. Niemand möchte in Unsicherheit leben oder mit etwas konfrontiert sein, das er nicht kennt.

Wenn Sie sich also einem solchen Vorwurf ausgesetzt sehen, dann ist es kein Unwille, sondern Unsicherheit und Unkenntnis, die die Reaktion Ihres Gesprächspartners bestimmt.

Wenn Sie sich klarmachen, dass der andere nicht einfach nur nicht will, sondern nicht anders kann, kann man sich selbst schon etwas Frust damit nehmen.

Wenn Sie aber versuchen, Ihre Sensibilität zu rechtfertigen, können Sie damit rechnen, dass Widerstand aufkommen wird.

Es ist einfacher, etwas zu verkleinern, anstatt das große Ganze erklären zu wollen, indem Sie eher sagen, dass Sie müde sind, anstatt von der Sensibilität zu sprechen. Versuchen Sie, allgemeingültige und bekannte Erklärungen zu verwenden, die es anderen einfacher machen, Ihr Verhalten nachzuvollziehen. Es ist ungleich schwieriger zu versuchen, mit bekannten Begriffen etwas Unbekanntes zu erklären. Es kann allerdings auch passieren, dass man zu Ihnen sagt, Sie würden sich ständig zurückziehen, immer irgendwelche Pausen brauchen, sehr häufig in sich gekehrt sein. Diese Verallgemeinerungen deutet darauf hin, dass Ihr Ersuchen nach Ruhe, Verständnis etc. bereits häufiger registriert wurde.

Lassen Sie sich nicht unter Druck setzen.

Aber machen Sie sich frei davon, dass jeder verstehen muss, dass Sie schneller als andere voll sind mit Eindrücken. Das führt nur zu Vergleichen unter-einander. Niemand ist belastbar oder nicht belastbar. Am einfachsten halte ich es, wenn ich sage, dass ich ohnehin schon viel um die Ohren habe und gerne an etwas teilnehmen würde, aber für mich jetzt einfach Zeit für Ruhe ist. Das ist ja nicht immer so. Auch Hoch-sensible haben sehr aktive Phasen, diese können Sie auch ruhig zeigen!

Zeigen Sie Geduld, wenn man Ihre Verhaltensweisen noch nicht so recht nachvollziehen kann. Solange Sie niemanden beeinträchtigen, ist auch Ihr Umfeld mit der Zeit bereit, Sie so zu akzeptieren, „weil Sie einfach so sind." Das ist dann keine negative Wertung, sondern ein durchaus positives Einräumen von Platz für Ihre ganze Persönlichkeit.

Du machst immer solche Gedankensprünge!

Wenn ein sensibler Mensch über ein für ihn interessantes Thema laut nachdenkt, ohne sich erklärend dazu zu äußern, kann es passieren, dass er zu hören bekommt, er mache Gedankensprünge. Der Zuhörer kann dann nicht mehr folgen.

Wie Sie wissen, neigen wir dazu, komplex zu denken. Wir beschäftigen uns mit den banalsten Dingen über deren einfache Definition hinaus, wenden sie in Gedanken hin und her, analysieren jedes einzelne Detail, Oberfläche, Haptik, Farbe, Position, Charaktereigenschaften, seine Rolle und sein Wirken in der Welt bis hin zum Sinn seines Daseins und weit darüber hinaus.

So mancher verfolgt eine Dokumentation im TV und es spielen sich über die gesamte Dauer des Beitrags ganze Explosionen von Analysen, Erwägungen, Was-Wäre-Wenn-Folgerungen, Vor- und Nachteile, Vergleiche und so weiter ab, nicht selten in Verbindung mit dabei entstehenden Emotionen. Eine Dokumentation zum Beispiel über die Entstehung eines Unterwassertunnels kann dabei die Bilder einer Einsturzkatastrophe auslösen. Etliche Fragen entstehen: Wie kommt man sicher an die Unfallstelle? Was ist mit den Verschütteten, gibt es Fluchtwege und sichere Räume? Wie sehen die allgemeinen Sicherheitsvorkehrungen aus? Allein die visuelle Überwachung kostet ein Vermögen. Was hat der ganze Bau eigentlich gekostet und wie wird so was finanziert? In so einer Branche werden ja auch Milliarden hin und her geschoben.

Wenn Sie jemandem nur etwa jeden dritten Gedanken vorsagen, werden Sie ihn sicher schnell überfordern. Sensible machen aber auch die Erfahrungen, dass Menschen schnell abschalten und desinteressiert scheinen, wenn sie jeden einzelnen Gedanken erläutert bekommen.

Das eine ist also nicht ausreichend, das andere hat eine Fülle an Informationen, die in der Kürze der Zeit, wie sie in einem Hochsensiblen entstehen, nicht verarbeitet werden können: Der Zuhörer macht zu, schweift ab, beginnt einfach ein anderes Thema.

Das ist kein grundsätzliches Desinteresse, sondern ein Zeichen an Sie, es anders zu formulieren. In jedem Fall zusammengefasst und am besten in bildlicher Sprache, wenn Sie versuchen, Zusammenhänge und Wirkungen zu erklären. Vor allem ist es wichtig, eine plausible Einleitung zu verwenden, wie etwa:

„Ich lese gerade einen Bericht über die aktuelle Entwicklung der Geburtenrate in Deutschland. Ich finde interessant, dass behauptet wird,..." anstatt „Die Deutschen kriegen kaum noch Kinder. Wer soll in zwanzig Jahren dann alles tragen?", wenn Sie beide vorher über die Rentenpolitik philosophiert haben.

Teil 2

Warum Sie sich über Hindernisse freuen sollten

Schwierigkeiten aller Art sind Hindernisse, die es zu überwinden gilt. Diesen Spruch haben Sie mit Sicherheit schon einmal irgendwo gelesen oder gehört. Und es ist tatsächlich etwas dran. Wer die Sichtweise verändert, kann aus einem schier unüberwindbaren Problem einer Aufgabe machen, die es zu erfüllen gilt und die letztendlich dazu da ist, dass man seine eigenen Fähigkeiten und Kenntnisse und Erfahrungen erweitert.

Also kann Ihnen jedes Hindernis, das Ihnen auf ihrem Weg begegnet, eine neue Erfahrung bringen, die Sie mit Sicherheit für Ihr weiteres Leben verwenden und positiv einsetzen.

Und Sie sind ja nicht alleine. Sie haben immer noch Freunde, Familie, viele Menschen, die Ihnen nahe stehen und die bei allem, was sie fordert, immer noch gewillt sind, Ihnen weiterzuhelfen und Sie zu unterstützen.

Auch wenn Sie bisher den Eindruck hatten, nicht gesellschaftsfähig zu sein, die Erwartungen anderer nicht erfüllen zu können oder einfach nicht „dazuzugehören", sollten Sie sich dazu aufraffen, mit jemandem über Ihre Erkenntnisse zu sprechen und ihn um seine Unterstützung zu bitten. Verlassen Sie sich dabei auf Ihre Intuition, die Ihnen sagt, bei wem Sie gut aufgehoben sind.

Vertrauen Sie dabei Ihrem Interesse und Ihrer Neugier, die Sie dorthin führen werden, wo Sie Antworten finden. Gehen Sie Ihrer Neugier nach und besorgen Sie sich alle Information, von denen Sie sich neue Erkenntnisse erhoffen.

Versuchen Sie, Gleichgesinnte zu finden, sich auszutauschen und scheuen Sie sich nicht davor, bei Problemen bei anderen nachzufragen. Denn nur so lernen wir weiter und trainieren unsere Fähigkeit zur Problemlösung.

Wie Sie Aufgaben zu Ihren Freunden machen

Wie bereits erklärt, sehe ich Probleme und Schwierigkeiten eher als Hindernisse und Aufgaben. Es gibt kein Hindernis, das uns scheitern lassen will. Wenn wir scheitern, dann tatsächlich nur wegen unserer überhöhten Ansprüche. Wie viel niedriger müsste also Ihr Anspruch sein, damit Sie das Problem angenehm bewältigen können? Worauf könnten Sie verzichten?

Wenn Sie eine Schwierigkeit vor sich haben, ist es hilfreich, wenn Sie sich eine Struktur schaffen, die Sie dann unterstützt, eine Lösung zu finden.

Zum Beispiel so: Ich überlege mir, welches Ziel es haben könnte, diese Schwierigkeit zu überwinden und welche Teilziele ich mir dann setzen kann, um jedes Hindernis für mich schon subjektiv kleiner zu machen. Dabei mache ich einen Schritt nach dem anderen und lasse mir Zeit darin, denn nichts war für mich bisher schlimmer in seinem Ergebnis, als etwas zu überstürzen und im Nachhinein festzustellen, dass es anders besser gewesen wäre.

Wenn ich mir eine mögliche Lösung überlegt habe, schlafe ich eine Nacht darüber, um zu wissen, ob ich am nächsten Morgen noch genauso denke. Denn nur dann ist die Entscheidung gut.

Wenn Sie den Lösungsweg vor sich und ein gutes Gefühl dabei haben, nehmen Sie vielleicht schon wahr, wie Sie sich darauf freuen, diese Aufgabe bald erfolgreich hinter sich gebracht zu haben. Denn jetzt sehen Sie nur, welches Ergebnis Sie erreichen können. Meistens ist es das Ergebnis, welches wir uns gewünscht haben. Komme ich aber dahin, dass es vielleicht noch zu früh ist zu handeln, muss ich mich auch dazu entscheiden können, die Sache aufzuschieben und, so unangenehm es ist, diesen Schwebezustand durchzuhalten.

Ein schlauer Mensch hat einmal gesagt, dass der belohnt wird, der warten kann. Glauben Sie mir, das stimmt.

Wie Sie ein Hindernis in einen Meilenstein umwandeln

Bevor man mal wieder emotional reagiert, sollte man sich klar machen, dass man sehr wahrscheinlich auch auf der zwanzigsten Familienfeier oder der vierundachtzigsten Party keine andere Situation vorfinden wird als die bisher gewohnte. Es werden dieselben Menschen mit denselben Ansichten dort sein. Bevor Sie sich jetzt aufregen: Ist das sinnvoll? Ist es sinnvoll, bereits mit Groll dort hinzugehen?

Können Sie den aufziehenden Donner in den Griff bekommen oder hat er Sie bereits im Griff? Wenn Sie sich wieder beruhigen können, können Sie eine innere Distanz zu Ihren Gefühlen bekommen? Könnten Sie sich einmal von außen betrachten?

Würden Sie sich die gleichen Sprüche reindrücken, die Sie bisher von anderen gehört haben? Sind die Kommentare Ihrer Umwelt gerechtfertigt? Natürlich nicht! Wenn Sie meinen, die müssen ja irgendwo Recht haben, dann werden Sie zugleich ein sehr ungutes Gefühl spüren. Und dieses ungute Gefühl ist der Hinweis darauf, dass Sie sich irren. So einfach ist das.

Sie wurden gehänselt, haben Sie sich etwa gut damit gefühlt? Und dieses Nein kommt von der Stimme in Ihnen, die Ihnen auch sonst sagt, was gut für Sie ist, um es mal einfach auszudrücken.

Es geht hier nicht um irgendwelche psychologischen Einzelheiten, Vorgänge oder sonst was. Sie werden hier keiner Therapie unterzogen und keiner dubiosen Gehirnwäsche. Das ist eine Beobachtung von einer, die mal an genau der gleichen Stelle war, wie Sie. Sie fühlen sich mit einer Reaktion Ihrer Umwelt nicht gut, und deswegen ist das für Sie nicht das Richtige, dazu braucht es keine tiefenpsychologischen Erklärungen, dazu reicht gesunder Menschenverstand.

Das Wichtigste ist, dass Sie sich selbst eine Ansicht aneignen, die sich für Sie gut und richtig anfühlt, wie Sie behandelt werden möchten.

Was würde sich für Sie richtig anfühlen? Haben Sie das vor Augen? Wie fühlt es sich an? Nach Akzeptanz? Nach Verständnis? Nach Freiheit? DAS ist gut für Sie. Das ist das Gefühl, in dem jeder Mensch zufrieden leben sollte, nicht mit Vorwürfen, Vorurteilen und Stress.

Speichern Sie dieses Gefühl. Beleuchten Sie die Situationen, die Ihnen bisher immer Angst gemacht haben und die Sie ärgern; die Sie vor eine Wand laufen lassen, von mehreren Seiten. So, wie Sie viele andere Dinge schon aus verschiedenen Richtungen betrachtet haben. Wenn es Ihnen schwerfällt, könnten Sie sich an ein Thema erinnern, das Sie schon einmal zerpflückt haben.

Das ist das Hindernis, das Sie überwinden müssen, um sich nicht mehr davon beeinflussen zu lassen.

In meiner jahrelangen inneren Arbeit kam mir die Erkenntnis, dass mich all das, was eigentlich Vergangenheit ist, immer noch wütend und traurig macht, weil ich dafür noch keine Lösung gefunden, sprich: Darüber hinweggekommen war. Da hat mich jemand verletzt und mir nicht geholfen, sie wieder zu heilen, sondern mich damit allein gelassen. Deswegen haben wir auch schon wieder einen Hals, wenn wir nur an bestimmte Situationen denken, die sehr wahrscheinlich immer wieder auftreten.

Sie denken also an eine Situation, die Sie ziemlich frustriert. Ich nehme als Beispiel einmal die typische Familienfeier. Kennt ja jeder. Alles kommt irgendwo zusammen zu Kaffee und Kuchen und tratscht. Sie kommen rein, jemand schießt sogleich los: „Na? Mein kleines Bohnenstängchen? Bist ja immer noch so dünn! Du musst einfach mehr essen! Komm, lass Dich mal drücken!" Sachen dieser Art sind ätzend.

Sie antworten ungefähr so: „Könnt ihr mal aufhören, mich ständig so aufzuziehen? Ich bin nun mal schlank, aber ich bin keine Bohnenstange!" Das ist reaktiv.

„Aber das war doch gar nicht so böse gemeint! Nun nimm Dir doch alles nicht gleich so zu Herzen!"

„Doch, so was finde ich nicht gut! Es verletzt und beleidigt mich!"

„Ach, was bist Du wieder so empfindlich!"

Das war's. Das reicht, um einem den Tag zu versauen.

Man soll das doch nicht so ernst sehen, war doch nur ein Spaß blablabla. So. Sie können es so sehen: Die machen sich lustig über mich, sagt man mir ja öfter, ich sei zu dünn, muss ja wohl was dran sein. Aber mich verletzt es trotzdem, und dann vor allen Leuten! Aber alle anderen lassen das mit sich machen, lachen auch noch mit! Das verstehe ich nicht! Bin ich denn der Einzige, der so sensibel reagiert? Muss ich mir wohl ein dickeres Fell zulegen, ist dann wohl so. Weiß zwar noch nicht wie, aber ich krieg' das schon hin. Habe keine Lust mehr darauf, ständig das überempfindliche Sensibelchen zu sein.

Und Sie können es so sehen: Idioten. Das war das letzte Mal, dass ich mitgekommen bin. Ich zieh das jetzt durch und dann melde ich mich nie wieder.

Sie können es aber auch so sehen: Na, das war ja klar. Wird langsam langweilig, das Genöle, immer dieselben Sprüche. Immerzudünnbähbähbäh. Ich selbst gefall' mir so, wie ich bin, sehr gut. Ich kann tragen, was ich will, ich sehe gut aus, wenn ich ein enges, schmales Kleid trage, das betont meine schlanke Figur. Finde ich sehr elegant. Hui, das fühlt sich gut an, dieses Bild. Fein! (Und schon haben Sie Spaß daran. Machen Sie weiter!)

Zu guter Letzt folgende Möglichkeit: Bemitleidenswert, dass man es nötig hat, sich über andere lustig zu machen. Sie können es wohl nicht anders, schade eigentlich, alles könnte so schön sein. Aber nun gut, wir wollen ja nicht unmenschlich sein, sie haben es damals auch nicht anders beigebracht bekommen. Von wem denn auch? Wenn ihre eigene Umwelt so mit ihnen umgesprungen ist, kann ich das schon irgendwie nachvollziehen, dass man selbst keinen anderen Weg kennt und daher dieselben Fehler macht. Man weiß es halt nicht besser, da kann der Mensch aber dann auch nichts dafür. Da kann man dann natürlich auch nicht erwarten, dass sie sich andere Wege ausdenken, die haben das wahrscheinlich so akzeptiert, dass es so gemacht wird und wenn bisher keiner gesagt hat, dass das nicht in Ordnung ist, hat sich das so etabliert.

Sie haben es also von mehreren Seiten beleuchtet. Lassen Sie nur Ihren Kopf arbeiten und lassen Sie die aufkeimenden Frustgefühle mal links liegen, sofern das für Sie geht. Falls nicht, hier noch mal in Kürze eine Wiederholung:

Die Leute KÖNNEN nicht anders, als immer wieder diese Leier zu bringen. Sie WOLLEN Sie NICHT verletzen, sie denken sich tatsächlich – nichts! Sie denken sich nicht einen Hauch dabei, wenn die Ihnen so was um die Ohren werfen, wie das bei Ihnen ankommen könnte. Manche gehen ihrem Bedürfnis nach Machtdemonstration nach, indem sie andere Menschen erniedrigen. Sie kriegen die Bestätigung von ihren Mitläufern dafür, deswegen machen die das. Das Problem an der Sache ist aber, dass man Sie damit verletzt, weil Meinungen anderer mehr Gewicht bekommen als Ihre eigene Sichtweise.

Der Mensch begeht drei große Denkfehler:

1. Es gibt richtig und falsch. Alles muss irgendeinen Stempel bekommen, damit es nicht mehr bedrohlich ist, sondern berechenbar wird. Alles Unbekannte ist erstmal eine potenzielle "Bedrohung", und so nehme ich den erstbesten Stempel, den ich kriegen kann, um aus dieser Bedrohung etwas Bekanntes zu machen und dieses unangenehme Gefül von Unsicherheit loszuwerden.

2. Keiner, außer diesen unsicheren, armen Geschöpfen von 1., und schon gar kein sensibler Mensch, nimmt sich das Recht heraus, selbst zu bestimmen, was aus seiner Sicht gut und was schlecht ist. Man überlässt dies den anderen und wünscht sich, dass sie rücksichtsvoll mit einem umgehen.

Man gibt so die hohe Verantwortung an andere ab und wenn die Erwartung, dass damit gewissenhaft um-gegangen wird, nicht erfüllt wird, dann sind das für den Betroffenen schlechte Menschen. Vereinfacht aus-gedrückt.

Ja, ich weiß, sehr simpel. Aber vielleicht beobachten Sie sich einmal selbst, wenn es wieder einmal so weit ist: Warum bin ich jetzt schon wieder enttäuscht von der Reaktion der anderen? Ist sie von außen betrachtet wirklich verletzend oder trifft sie mich, weil ich mir eine andere Antwort gewünscht hätte? Wenn ja, welche Antwort hätte ich dann lieber gehört?

3. Ich und die anderen. Ich bin einzeln und die anderen

sind die Mehrheit. Wir denken, die Mehrheit sagt, was OK ist, was normal ist. Wenn die Mehrheit also anders ist als ich, muss mit mir logischerweise ja was nicht stimmen. Ihre Mitmenschen können deswegen nicht anders auf Ihre Sensibilität reagieren, weil sie selbst bisher keinerlei Erfahrung damit gemacht haben.

Sie können zudem nicht damit umgehen, wenn jemand sagt, er fühle sich verletzt. Gefühle anderer sind für viele Menschen nicht fassbar, daher zu abstrakt, um sie erfassen zu können. Menschen, die nicht so sensibel sind, haben keine Erfahrung damit und sind deshalb nicht auf Ihrem Stand. Wenn Ihre Mitmenschen so sensibel wären wie Sie, hätten Sie ja kein Problem. Zudem bekommen Menschen Angst, wenn sie dem Vorwurf ausgesetzt werden, sie hätten jemanden verletzt.

Wie macht man denn so etwas wieder gut? Sie haben keine Ahnung, da ist es einfacher, verletzte Gefühle herunter zu spielen, anstatt sein Gesicht zu verlieren und sich zu entschuldigen.

Und weil sie es nicht können, müssen SIE Verständnis zeigen. Sie wollen auch Verständnis für etwas, was Sie nicht beherrschen, nicht wahr? Sie wissen jetzt, wo es hakt, und weil Sie es wissen und verstanden haben und es besser machen können, ist es nahezu schon Ihre Pflicht, es auch zu tun. Schließlich soll sich ja etwas ändern. Dass das nicht mit der Haltung „Dann sollen sich erst die anderen bewegen!" erreicht wird, dürfte bis hierhin klar sein. Versuchen SIE es! Und wenn Sie es versucht haben, spüren Sie vielleicht ein leises, kleines, interessantes Gefühl, ganz tief in Ihnen, da mittendrin, irgendwo. Irgendwas löst sich auf. Irgendwie fühlen Sie sich leichter.

Wenn das eintritt, werden Sie in nächster Zeit feststellen, wie wundersam entspannt Sie mit einigen Dingen umgehen. Von ganz allein.

Ganz wichtig: Wenn Sie ein Problem vor sich haben, machen Sie es sich zum Spaß, dieses Problem zu lösen, indem Sie sich die Schritte, die Sie gehen müssen, ganz genau überlegen. Wenn Sie sicher sind, wie es laufen soll (und darin sind Sie ein Profi), werden Sie sich auf das Ergebnis freuen, und nur die Konzentration auf das Ziel hält Sie motiviert!

Wie Sie Ihre neuen Fähigkeiten zu Ihren ständigen Begleitern werden lassen

Notieren Sie den von Ihnen gehörten Vorwurf und überlegen Sie nun: Wenn man Sie, statt Ihnen Vorurteile entgegen zu klatschen, um Ihre unerwünschte Eigenschaft beneiden würde, mit welchen Worten würde Ihre Mitmenschen diese Eigenschaft beschreiben? So können Sie lernen, die Situation aus einer anderen Sichtweise zu betrachten.

Üben Sie sich jeden Tag in Verständnis für die Handlungen der Menschen, die Sie bisher nicht nachvollziehen konnten. Ignorieren Sie zunächst Ihren verständlichen Unwillen, aber Sie müssen aus diesem Teufelskreis heraus. Hier ist ein guter Punkt, um auszusteigen. Tauschen Sie also Ihre Getroffenheit, Ihre Verletztheit gegen offenes Verständnis: „Das ist zwar ziemlicher Blödsinn, den Du da behauptest, aber ich habe Verständnis dafür, denn Du hast möglicherweise keine andere Erklärung. Ich sage Dir aber gerne, warum Du mich falsch siehst."

Das ist keine Arroganz, das ist knallharte Hilfestellung. Nur so nehmen Sie dem anderen den Wind aus den Segeln.

Also, noch mal zusammengefasst: Nehmen Sie den anderen die Verantwortung über Sie weg, indem Sie sich klar machen, dass Sie einen Anspruch an andere gestellt haben, gut mit Ihnen umzugehen. Übernehmen Sie das selbst! Passen Sie selbst auf sich auf! Üben Sie sich in Gleichgültigkeit darin, was als „normal" gilt. Es gibt

NICHTS Normales, was man allgemein als normal bewertet, da alles Normale gleich ist. Es gibt aber weder gleiche Menschen noch gleiche Situationen.

Zeigen Sie Verständnis für die Unwissenheit derer, die Sie kritisieren. Diese Leute können es einfach nicht besser, und das verdient Mitgefühl und jemanden, der ihnen zeigt, wie es richtig geht. Die Gesellschaft hat eine Verpflichtung den Schwächeren gegenüber. Also nutzen Sie Ihre Fürsorge dafür, jemandem etwas Gutes beizubringen ;) Und tun Sie das mit Gelassenheit, denn wer nicht will, der hat schon!

Haben Sie vor allem Nachsicht mit sich selbst, niemand ist Meister darin, sich selbst zu ändern und es dauert, bis man sich ein paar neue Verhaltensweisen angeeignet hat.

Vertrauen Sie Ihrem scharfen Verstand und Ihrer guten Intuition, aber geben Sie den heftigen Emotionen in sich nicht die Chance, ihre ausgefeilten Überlegungen zunichte zu machen.

Wie Sie sich selbst in eine gewünschte Richtung bringen

Wenn Sie sich etwas aneignen wollen, das Sie bisher strikt abgelehnt haben, fangen Sie mit kleinen Schritten an. Marathon läuft ja auch niemand aus dem Stand.

Beispiel: Smalltalk halten.

Rufen Sie eine Ihnen sympathische Person an, mit der Sie in einem ruhigen Lokal einen Kaffee trinken könnten. Suchen Sie sich einen guten Tag dafür aus, an dem Sie entspannt und gut gelaunt sind. Sagen Sie von vornherein, dass Sie höchstens eine Stunde (oder mit wie viel Sie sich auch immer gut fühlen) Zeit haben, aber sich gern treffen würden. Legen Sie sich vorher fünf unverfängliche, alltägliche Themen zurecht (Urlaub, Arbeit, Auto, Ihre Katze, was es Neues in der Stadt gibt etc.) und schieben Sie die Angst von sich, dass irgendwas komisch wirken könnte. Nehmen Sie sich ernsthaft vor, in dieser Stunde nur über Oberflächlichkeiten zu sprechen, das ist ganz wichtig, denn das wollen Sie ja lernen!

Vielleicht wissen Sie ja etwas über Ihren Gesprächspartner, auf das Sie ihn ansprechen können. Merken Sie sich Punkte, an denen Sie nachfragen können und haken Sie dort nach. Keine Angst vor Pausen. Wenn die eintreten, sprechen Sie über das, was in Ihrer unmittelbaren Umgebung vor sich geht. Blenden Sie Ihre Ansprüche aus, es müsse das perfekte Gespräch sein und sehen Sie die Erfolge, auch wenn sie in Ihren Augen noch so klein sein mögen: Sie haben es versucht! Sie haben das getan, von dem Sie dachten, Sie waren unfähig dazu und es hat funktioniert! Üben Sie das weiterhin und realisieren Sie mit der Zeit, dass Ihre Sicht, in dieser Welt fremd und andersartig zu sein, tatsächlich hausgemacht ist.

Gehen Sie also genau dorthin, wo es wehtut, denn das, was Sie bedrückt, zeigt Ihnen, wo es hakt. Und Sie wissen ja, dass das nur unerledigte, aufgeschobene Aufgaben sind.

Vertrauen Sie Ihrer feinsten Wahrnehmung!

Haben Sie sich in der Zeit, in der Sie sich fremd gefühlt haben, nicht des Öfteren gefragt, ob Sie dies und jenes nun richtig interpretieren oder nicht doch etwas einbilden?

Das war keine Einbildung, das war Ihre Wahrnehmung. Eine Wahrnehmung, die ignoriert wird, macht nur Ärger. Also machen Sie Ihre Wahrnehmung zu Ihrer besten Freundin, denn sie liebt Sie abgöttisch! Sie will das Beste für Sie und führt Sie dorthin, wo Sie hingehören, wo Sie sich wohl fühlen und zu dem, was Ihnen gut tut!

Sie werden feststellen, dass Ihre Intuition sich mit Ihrer Wahrnehmung bestens versteht. Wenn Sie Ihre Intuition fragen, was für Sie gut ist und welche Entscheidung Sie treffen sollten, wenn es um Sie persönlich geht, dann werden Sie das Gefühl bekommen, den richtigen Weg zu gehen.

Aber fragen Sie sich stets, ob das nicht persönliche Emotionen sind, die Sie beeinflussen! Üben Sie, Ihr inneres Teufelchen immer wieder zu entlarven.

Belohnen Sie sich!

Sie haben viel Denkarbeit geleistet. Das werden andere in ihrem ganzen Leben nicht schaffen. Seien Sie stolz auf sich! Nachfolgend habe ich ein paar Dinge gesammelt, die von Sensiblen als wohltuend empfunden werden.

Garten/Natur
Haustier
Tiefe Gespräche
Ein faszinierendes, bewegendes Buch
Gemütlichkeit
Rückzug
Alleine sein
Jemand, der einen versteht
Blumenduft, Heugeruch
Regengeruch, nasse Erde
Am Strand zu stehen
Gewürze und Lebensmittel: Vanilleduft, Lavendel, Sanddorn, Zimt, Kokos, Rosen, Minze
Kochgerüche
Kerzenrauch
Kaffee, frisches Brot
Pfeifentabak
Herbstwälder
Büchergeruch

Intensive Bilder, die Stimmungen kommunizieren
Suchen Sie sich gezielt und bewusst die Dinge, die Ihre

schönste Schwärmerei verdient haben, erleben Sie davon so viele wie möglich und schreiben Sie Ihre eigene Liste. Wenn Sie diese Liste dann zwischendurch ansehen, werden Sie merken, wie Sie allein durch die Bilder in Ihrem Kopf ein wohliges Gefühl im Bauch entstehen lassen. DAS ist Zufriedenheit.

Nachwort

Es wird viel darüber gestritten, was diese Hochsensibilität eigentlich ist, ob sie nicht doch eher eine
Form von ADS sei, ob es nicht doch eher auf
Depressionen oder eine sonstige gängige Definition
zurückzuführen sei. Man betrachte die Hochsensibilität
kritisch, kein Test sei wirklich belegend, keine Diagose
hinreichend vorhanden.

Da zieht was auf am Horizont. Aber wenn man die
Kritiker so beobachtet, wird man immer wieder ein
Muster erkennen: Jemand äußert seine Bedenken
gegenüber der Diagnose HS, andere steigen in die
Diskussion ein, erzählen von ihren Erlebnissen und nach
und nach finden sich immer mehr Menschen zusammen,
die alle eines gemeinsam haben: das Gefühl, anders zu
sein. Nicht ganz richtig zu sein. Nicht der Norm zu
entsprechen. Auch der stärkste Kritiker muss
irgendwann einsehen, dass nicht grundsätzlich schlecht
oder abnorm sein kann, was Menschen offensichtlich
hilft.

Fakt ist aber, dass es viele Menschen gibt, die starke
Emotionen haben, die sich mehr Verständnis und
Menschlichkeit wunschen, ohne ins Lächerliche gezogen
zu werden. Fakt ist auch, dass es starke und weniger
starke Ausprägungen von Eigenschaften und Fähigkeiten gibt, die gefördert und unterstützt, anstatt ignoriert
und angepasst werden müssen.

Die Zeiten der Ellenbogengesellschaft gehen zu Ende,

gegenseitige Vorwürfe und Abwertungen führen nicht zum Ziel, der Wunsch nach mehr Akzeptanz und Lösungen für die bisherigen Konflikte wächst.

Ein Buch kann es nicht allen recht machen und das will ich auch gar nicht. Mein Ziel ist es, andere an meinen Erlebnissen und Erkenntnissen teilhaben zu lassen. Ich bin keine Therapeutin und ich maße mir auch nicht an, den heiligen Gral gefunden zu haben. Ich möchte Sie lieber dazu anhalten, selbst zu entscheiden, inwiefern Ihnen die gelesenen Zeilen weitergeholfen haben, denn ich möchte, dass es IHNEN, meiner Leserin/meinem Leser gut geht.

Ich hoffe, meine Erfahrungen können Ihnen Lösungswege aufzeigen, mit immer noch bestehenden Vorurteilen umzugehen, die eigenen Fähigkeiten zu finden und für eine Bereicherung des eigenen Lebens und das anderer einzusetzen.

Maike Wesa
Lüneburg, Januar 2009